世界武器鉴赏系列

特种作战装备

鉴赏指南 （珍藏版）

★第3版★

《深度军事》编委会　编著

清华大学出版社

北京

内 容 简 介

　　本书在第2版的基础上进行了精心修订，使其内容更新、更全，设计更美观。与第2版相比，本书删除了少数老旧的特种作战装备，同时新增了多种新式作战装备，并替换了一些质量较差的配图，补充了观赏性较强的精美大图。本书所收录的300余种特种作战装备，均对研制厂商、制造数量、服役时间、主要结构、作战性能等内容进行了详细介绍，并配有详细而准确的参数表格。

　　本书结构严谨、内容分析讲解透彻，且图片精美丰富，不仅适合广大军事爱好者阅读和收藏，也可以作为广大中小学生、爱国青年的军事科普读物。

图书在版编目(CIP)数据

　　特种作战装备鉴赏指南：珍藏版/《深度军事》编委会编著. —3版. —北京：清华大学出版社，2020.5（2022.10重印）
　　（世界武器鉴赏系列）
　　ISBN 978-7-302-54774-7

　　Ⅰ. ①特…　Ⅱ. ①深…　Ⅲ. ①特殊环境下作战—武器装备—世界—指南　Ⅳ. ①E92-62

　　中国版本图书馆CIP数据核字(2020)第013215号

责任编辑：李玉萍
封面设计：郑国强
责任校对：张彦彬
责任印制：丛怀宇
出版发行：清华大学出版社
　　　　　网　　址：http://www.tup.com.cn, http://www.wqbook.com
　　　　　地　　址：北京清华大学学研大厦A座　　邮　　编：100084
　　　　　社 总 机：010-83470000　　　　　　　邮　　购：010-62786544
　　　　　投稿与读者服务：010-62776969, c-service@tup.tsinghua.edu.cn
　　　　　质量反馈：010-62772015, zhiliang@tup.tsinghua.edu.cn
印 装 者：河北华商印刷有限公司
经　　销：全国新华书店
开　　本：146mm×210mm　印　　张：11.125　字　　数：284千字
版　　次：2014年6月第1版　2020年6月第3版　印　　次：2022年10月第4次印刷
定　　价：65.00元

产品编号：085983-01

丛书序
FOREWORD

当今世界正处于大变革时期，美苏争霸的两极格局已经终结，新的世界格局尚未形成。西方大国都在进行自二战以来最深刻、最广泛的军事战略调整。其共同的趋势是：在加强威慑和保持军事实力的基础上，由过去准备打世界性战争转为重点应付区域性冲突；由过去强调军事安全转为以经济安全为主的全方位安全政策。由于各国、各地区之间在经济上的相互依存加强，国际经济竞争日趋激烈，世界安全和国家利益均与经济密切相关，在综合国力的较量中经济因素的作用相对突出。然而，无论世界形成怎样的新秩序，军事实力仍将是一个国家综合国力的重要组成部分。

俗话说："国无防不立，人无兵不安。"一个国家的强大和安全，离不开军人的无私奉献，他们用汗水与鲜血浇灌出了一个国家强大的国防力量。不过，国家安全并不只是军人的责任，国防建设也需要人民群众的共同努力。对于人民群众来说，参与国防建设最基本的方式是增强自己的国防意识和国防精神，而最简单有效的方式是阅读军事科普图书。与其他军事强国相比，我国的军事图书在写作和制作水平上还存在许多不足之处。以全球权威军事刊物《简氏防务周刊》为例，其信息分析在西方媒体和政府中一直被视为权威，其数据库被各国政府和情报机构广泛购买。而由于种种原因，我国的军事图书在专业性、全面性和影响力等方面还存在许多不足之处。

为了给广大军事爱好者提供一套全面而专业的兵器科普图书，并为广大青少年提供一套通俗易懂的军事入门读物，我们精心编撰了"世界武器鉴赏系列"图书，其内容涵盖飞机、舰船、单兵武器、特种作战装备、枪械、坦克与装甲车等。本丛书于 2014 年上市后取得了不错的销售成绩，也收到了不少热心读者的反馈意见。

2017 年，我们对第 1 版进行了精心修订，虚心接受了广大读者朋友的宝贵意见，推出了内容更新、更全的第 2 版。不过，由于军事知识更新较快，在近两年里出现了不少新式武器，而一些现役的武器也在不断发生变化。为了将"世界武器鉴赏系列"打造成经久不衰的兵器科普图书，我们决定再次作出修订，进一步提升图书的质量。与第 2 版相比，第 3 版删除了少数老旧的武器内容，同时新增了多种新式武器的内容，并对第 2 版的一些过时信息进行了更新，删除了阅读价值不大的"研发历史"部分。此外，一些清晰度不高、构图不严谨的配图也被替换，并额外补充了不少精美大图。

本丛书由国内资深军事研究团队编写，力求内容的全面性、专业性和趣味性。我们在吸收国外同类图书优点的同时，还加入了一些独特的表现手法，努力做到化繁为简、图文并茂，以符合国内读者的阅读习惯。本丛书内容丰富、结构严谨，在带领读者熟悉武器历史的同时，还可以提纲挈领地了解各种武器的作战性能。在武器的相关参数上，我们参考了武器制造商官方网站的公开数据，以及国外的权威军事文档，做到有理有据。每本图书都有大量的精美图片，配合别出心裁的排版，具有较高的观赏性和收藏价值。

本丛书由《深度军事》编委会创作，参与本丛书编写的人员还有黄成、阳晓瑜、陈利华、高丽秋、龚川、何海涛、贺强、胡姝婷、黄启华、黎安芝、黎琪、黎绍文、卢刚、罗于华等。在本丛书的编写过程中，我们在内容上进行了去伪存真的甄别，让内容更加符合客观事实，同时全书内容经过了严格的筛选和审校，力求尽可能准确与客观，便于读者阅读参考。

　　二战时期，英国组建了历史上首支特种部队——"哥曼德"，并取得了不少成就。随后其他国家也开始效仿英国。1972年，德国发生的慕尼黑事件使特种部队受到更多的关注。自此，特种部队不仅作战于各大战场，也在城市、沿海等恐怖分子出没的地方战斗。时至今日，随着特种作战理论和武器装备的快速发展，特种作战的地位与作用越来越突出，尤其是在近年来的几场局部战争中，特种部队不仅在力量构成上高度一体化，而且作战范围完全超出了传统的侦察、袭扰等，已经从战争的后台走到了前台，从作战行动的配角变成了主角。特种作战随之发生了深刻的变化，从一定意义上看，已经成为一种全局性、战略性、综合性的重要作战形式。

　　随着特种作战地位的提升，各国在特种部队建设上的投入也越来越大，而首当其冲的就是特种作战装备的研发和配备。特种部队由于所担负任务的特殊性，其作战装备也与普通部队存在差异。正如特种部队的成员需要层层选拔一样，特种部队的作战装备同样也是经过精挑细选的。精良的作战装备加上出类拔萃的个人素质，这是特种部队纵横战场的根本所在。主战武器，是指作战中起主要杀伤、破坏作用的武器，这是特种部队的主要战斗装备，包括突击步枪、狙击步枪、冲锋枪、机枪等。由于特战单位的编制不大，通常仅有班、排的规模，而他们往往要面对数倍于己的敌人，加上特战单位经常执行牵制性的任务，如何发挥火力并考量自身安全与任务要求，是特战指挥官经常面临的难题，而与一般人想象的不同，特战部队所使用的武器大部分都是一般部队所用的制式装备，仅有少部分是针对特别需求而改良或定制的。

自卫支援武器，即用于近距离自卫和火力支援的武器，包括手枪、霰弹枪、榴弹发射器、冷兵器等。其中，手枪主要用于 50 米近距离内自卫和突然袭击敌人，特种部队所用手枪的基本特点是变换保险、枪弹上膛、更换弹匣方便，结构紧凑，自动方式简单。而冷兵器虽然已经不是现代战争中的常用装备，但凭借隐蔽性强、携带方便、用途广泛的优点，在特种作战中有较大用处。

交通工具，包括特战飞机、特战车辆、特战舰艇、降落伞等。由于任务性质特殊，除了一般的交通工具与运送方式之外，特战部队使用的载具也有些不同，以飞行载具为例，除了传统的直升机运送与运输机跳伞之外，滑翔翼、轻航机与飞行伞则是特战单位经常选择的空中渗透工具，主要原因是这些载具都是轻型、无声与方便携行收藏的交通工具。

通信和监视设备，包括通信设备、空中监视设备、地面监视设备等。由于现今的特种作战常是多军种联合行动与战地即时情报回复等行动需求，通信成了现代特种作战中相当重要的一环。防具，包括头盔、护目镜、战斗服、手套、靴子、背包等。特种部队肩负着最为棘手的任务，负伤甚至牺牲的风险极大，而各类性能优异的防具可以大大提升特种兵的生存能力。

本书将逐一介绍上述特种作战装备，力求帮助读者全面认识现代特种部队的武器装备。通过阅读本书，你会对现代战争中的特种作战装备有一个全新的了解。由于时间和编者经验有限，书中难免有疏漏和不足之处，恳请专家和读者不吝赐教。读者可以使用手机扫码下方的二维码获取本书赠送的写真图片等资源。

目 录
CONTENTS

Chapter 05 通信和监视 ⋯⋯⋯⋯⋯⋯⋯ 281

Chapter 06　防具 311

Chapter 01

特种部队与特种装备

　　说到特种部队，不得不提到英国的"哥曼德"。虽然它是二战时期英国迫于无奈而组建的一支"特殊"部队，但在战场上却起到了意想不到的重要作用。和平年代，大规模战争几乎没有，所以特种部队更多的是执行反恐任务。他们除了人员精干、机动快速、训练有素、战斗力强之外，还有一个较为重要的特征那就是武器装备精良。这些武器装备有助于特种部队人员击杀敌人和保护自己。

1.1 认识特种部队

特种部队的发展历程

在二战的欧洲战场上，英军从 1940 年开始就受到德军猛烈的攻击，然而"绅士"般的英军怎能抵挡"虎豹"一样的德军。1940 年 6 月 4 日，溃不成军的英军实施了战略大撤退——敦刻尔克大撤退。当日，英军卸甲解衣从法国敦刻尔克撤回了英国本土。看到受重创的英军，英国首相丘吉尔痛心不已。为了能够鼓舞英军士气并重返战场，丘吉尔制订了"反攻大陆"计划。但此时英军仅剩下一些"身受重伤"的部队，依靠这些部队来反攻大陆谈何容易。

挪威士兵，美国海军陆战队，荷兰和英国皇家突击队的综合训练

就在丘吉尔为"反攻大陆"计划一筹莫展之时，英国陆军参谋长克拉克中校拟订了一个作战方案。他认为，处于"泥菩萨"时期的英军无法在欧洲战场上实施大规模反攻战，想要有所作为只有用"非法"手段，那就是偷袭。这个作战方案一出，立即赢得了丘吉尔的赞同。得到首相的支持后，克拉克立即从现有的海军和海军陆战队中挑选了一批人员，以冲锋枪和手榴弹为主要装备（必要时可使用摩托车和装甲车），组建了一支"偷袭"部队，并且正式命名为"哥曼德"。

"哥曼德"部队最初组建有 10 支部队，每支部队有 2 支小队，每支小队的成员都是血气方刚的小伙子，因此其一组建就充满了活力。该部队组建后即对德军占领的欧洲西海岸德军城市和阵地实施了一系列袭击和破坏行动，不仅极大地鼓舞了英军的士气，而且对德军也造成了一定的威胁。

　　"哥曼德"部队丰硕的战绩，让其他国家也开始组建执行特别任务的部队。第二次世界大战结束后，美国、西班牙等国家先后于 1950 年、1956 年组建了各种形式的特种部队，并在其后的局部战争和武装冲突中发挥了重要作用。20 世纪 80 年代，因武器装备的更新，各国的特种部队有了进一步的发展。特别是在美国军队中，特种部队发展迅速、规模庞大，不仅建有特种作战司令部，而且已经成为具有海、陆、空三栖作战能力的一个重要的新兵种。

美国陆军特种兵

Tips: 克拉克组建"哥曼德"部队而得到"特种部队之父"的称谓。

 ## 现代特种部队的特点

人员精干

　　各国的特种部队对其成员的素质要求非常高，在征召特种部队成员时要在思想动机、心理素质、文化程度、身体条件等方面对应征人员进行严格考核（曾经服过兵役的官兵在录取时可以优先考虑），录取后，还须经过1~2年的特种训练并经考核合格后方可在特种部队服役。

如美军特种部队成员的基本条件是：在陆、海、空军服役3年以上，且体格健壮并取得空降合格证书的；必须出于"爱国主义动机"；具有高中或大学毕业文化程度，有一定的外语基础；必须敢于冒险、不怕牺牲、勇于承担责任。一经录取，这些人还将在特种部队学院进行正规、严格的培训，时间为半年至1年。

特种兵具有强健的体魄

美军特种部队学院实行定期淘汰制，淘汰率最高达77%，平均合格率仅为50%。以色列特种部队的应征者首先要接受严格的体检、心理测试和背景调查。在入伍后的1周内，部队还要对其入伍动机、个人爱好、特长等进行考察。新兵能够通过这一阶段考核的比例为10%~20%。此后，这些通过初步考核的人员将接受20~24个月的基础训练和特种训练，最后再经考试合格后方可在特种部队服役。

训练严格

为了能够完成特殊而复杂的任务并具有多种作战能力，各国特种部队训练主要有以下4个方面。

　　第一，高强度体能训练。执行特种作战任务常常要付出超常的体力，并承受极大的精神压力。因此，特种部队要求其成员有强健的体魄、坚强的毅力和良好的心理素质，即思维敏捷、反应迅速，能承受长时间的紧张状态，能适应气候、气温的急剧变化。

　　第二，一专多能训练。特种部队专业分工多，所担负的任务种类繁杂，因此要求其成员要掌握多种专业技能，包括领导艺术、外语、武器操作、驾驶、野外生存、卫生救护等。

　　第三，各种作战类型的适应性训练。如美军特种部队作战类型分为非常规战、特种侦察、直接行动、反恐怖行动、保护政要和辅助支援行动。训练内容为与作战类型有关的计划、战术、技术与程序、侦察、游击战、作战效果评估与核查等。

　　第四，模拟训练。普遍采用先进的模拟训练器材和场地或室内使用的对抗模拟器材，如坦克、直升机模拟驾驶仪以及美军的多用途激光交战模拟器和计算机交战模拟设备等。

特种兵在进行射击训练

▮▮▮▷ ★ 编制灵活

为确保特种部队能在危险的环境下完成任务，就必须使其具备多种作战能力。各国特种部队一般都编有侦察、突击、反恐怖、破坏、民事、心理、通信等专业分队。此外，还可得到海、空军专业分队的支援配合。作战行动中，通常采用委托式指挥方式，即由受领任务的特遣队指挥官负责组成执行任务的特遣（分）队，并具体实施作战指挥。

这就要求其编制具有可灵活编组的特点。各国特种部队的编制一般为大队（群）或团（营），下辖中队、小队或连、排（组）。大队（群）或团（营）编制人员数一般为1200~1500人，中队、小队或连、排（组）编制只有数十人。

而组（又称战斗编组）为最小的作战编制，一般为2~15人。

▮▮▮▷ ★ 装备精良

特种部队使用的轻型武器主要有各式步枪、机枪、冲锋枪、手枪、炫目手榴弹、反坦克枪榴弹、轻型迫击炮、定向地雷等。重型武器包括装甲战斗车、固定翼运输机、攻击直升机、运输直升机、各种战斗和运输舰船以及潜艇，如以色列特种部队就拥有可搭载2架直升机的导弹巡逻艇，巴基斯坦特种部队则装备有可载7~8人的微型潜艇。

美国正在研制可载12人的小型潜艇。此外，特种部队的装备还包括各种特种专用装备和高级电子设备，如滑雪、登山和潜水装具，地（水）面定位导航设备、卫星通信设备、夜视与红外侦察设备、遥控侦察飞机等。

1.2　认识特战装备

特战装备的特点

▮▮▮▷ ★ 功能全面

特种部队在作战时会遇到各种各样的地形、天气及对象，使用功能单一的武器装备，不仅会增加特种部队人员的负重，也会因此错过最佳猎杀机会或是延长任务的完成时间。而武器装备的多功能性则会大大提高特种部队的作战效率。例如，多功能特战锹，锹头用防弹钢板制造，当悬挂在胸口时可当"护心镜"，大大提高了人员的存活率，锹柄采用中空式多层套管，中空腔内装有攀绳器、匕首、飞爪等。

火力强大

武器火力强大不仅可以压制敌人，也可以稳定士兵胆怯的心理。对执行特别任务的特种部队来说，火力强大的武器更是他们的制胜法宝。例如，美国特种部队使用 M134 机枪，每根枪管都被固定安装在枪管夹具部件中，与枪机部件成一直线，并在电机驱动下转动。

该枪单支枪管的寿命为 100 000 发，整枪寿命达 600 000 发。该枪采用的是加特林机枪原理，用电动机带动 6 根枪管转动，在转动的过程中依次完成输弹入膛、闭锁、击发、退壳、抛壳等一系列动作。

使用 M110K1 的特种部队狙击手

可靠性高

武器装备的可靠性是指武器装备在规定的使用条件下和规定的时间内，完成规定功能的能力。从应用角度可分为固有可靠性和使用可靠性，前者反映的是设计和制造中的可靠性水平；后者反映的是在规定使用条件下使用的可靠性。我们所说的武器装备可靠性通常指的是后者，其直接与战备完好性、维修人力、保障资源等因素相关联。

隐蔽性强

如何做到既能攻击敌人，又不易被发现呢？这就涉及武器装备的隐蔽性。

尤其是特种部队，他们所执行的任务有着秘密、危险等特性，所以隐蔽性对他们来说是重中之重。

例如，狙击手一般身着被称为"垃圾装"的吉利服，它由做成麻袋的绳、条编织而成。这些布条有三个作用：分割人体轮廓、模拟自然植物、为伪装服提供三维外观。狙击手使用的狙击枪也加上了消焰器，可以消除开枪时枪口喷出的火焰。如果没有这个消焰器，很可能刚开完一枪就会被敌方发现。对特种部队而言，隐蔽性还能提高任务的成功率，可以做到出奇制胜，隐蔽性不强就可能会"伤敌一千，自损八百"。

伪装的特种兵

特战装备的类型

主战武器

特种部队的主战武器包括冲锋枪、机枪和步枪，这些枪械能适应各种作战环境，包括水下。冲锋枪和机枪主要是为特种部队提供强大的火力支援。相对这两者来说，步枪在火力上无法与之匹敌，但是它有一个最重要的特性，那就是射击精准度高。这3种主战武器的配合，使得特种部队能够快、狠、准地对目标进行攻击。

使用 MP7 冲锋枪的特种兵

自卫武器

特种兵作战时突发情况非常多（如换弹匣时敌人已经冲到面前了）。为应对这些突发情况，特种兵除了要装备冲锋枪、机枪和步枪主战武器之外，往往还要携带自卫武器以备不时之需。自卫武器主要包括手枪和军刀。由于特种作战的特殊性，这些武器大多具有小巧便携、利于隐蔽、用途广泛、可靠耐用等特点。

特种作战车

特种部队深入敌后行动必须隐蔽、快速、机智，为此不少国家研制了各种不同类型的特种作战车辆。这些车辆能够适应各种作战环境，可显著提高特种部队的战斗力和战场生存能力。例如，Mungo 战车（可用 CH-53 直升机空运），是一种装甲越野运输车，可装载 10 名全副武装的士兵，还可防步兵地雷和北约 7.62 毫米北约标准口径弹药的攻击。

特种作战飞机和舰艇

特种部队作战时需要有极强的快速反应能力，常在暗夜掩护下用运输机、直升机甚至滑翔机空运、空投到敌后执行各种特殊任务。与同类飞机相比，特种部队所装备的飞机具有一些独特的性能。这些飞机的附属设备先进，作战功能齐全，一般都有雷达规避、通信、压制敌方武器的能力。

当今世界上的特种部队大多具备三栖作战能力，因此除了特种作战飞机和特种作战车辆外，特种作战舰艇也是必不可少的。特别是对一些海军特种部队来说，舰艇和潜水装备是实现快速渗透的不二法宝。

CH-53直升机搭载士兵准备起飞

服饰和背包

特种部队往往都配有标志性的服饰，如法国国家宪兵干预队(GIGN)在执行反恐怖作战任务时，总是身着黑色战斗服，因此被世人称为"黑衣人"。除了能适应各种作战环境的服饰外，特战队员通常还要配备实用性极强的背包，以方便携带各种作战装备。

通信和监视设备

俗话说"知己知彼，百战不殆"，特种部队要想克敌制胜，事先获取目标信息，监视目标行动是必不可少的环节。在当前或未来的数字化战场环境下，特战队员绝不是一个孤立的人，而是战场信息网中的一个节点、一个终端、一个单兵系统，因此通信设备将发挥重大作用。

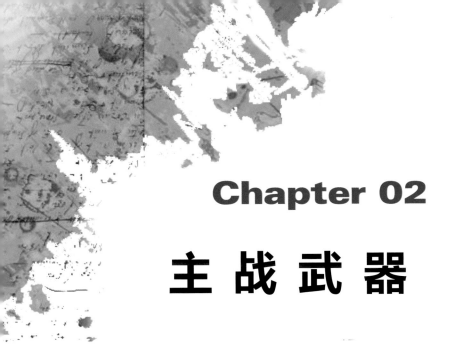

Chapter 02

主战武器

特种部队的武器不仅要有较高的精准度，还要有强大的火力。此外，还必须有使用方便、可靠性和隐蔽性高等特点。训练有素的特种部队加上高尖端的武器，便可以一敌百，上可保护重要人物，下可击杀恐怖分子。

2.1 突击步枪

以色列"墙角枪"

  "墙角枪"，简单地讲就是在枪的瞄准镜的位置安装一个摄像头，可以提供瞄准。特战队员可利用彩色视频监控器，通过瞄准摄像头，在墙后观测前方敌情。

性能解析

  "墙角枪"设计合理，操作也比较简单，一般射手稍加训练便能掌握拐弯射击要领，熟练射手1秒内就能连续完成拐弯、瞄准、射击动作，并命中10米以内的目标。该枪射击部分使用手枪，既能减小后坐力保证精度，又满足了城市作战近距离射击的战术要求。"墙角枪"的标准型配置一般可选择不同口径的半自动手枪，如伯莱塔92系列、格洛克系列等。

装备特点

  "墙角枪"能使射击者在墙角一侧无须暴露自己就能向另一侧射击，让拐角成为对自己有利的地形。枪手用一面墙挡住自己身体，把枪伸出去，就能通过监视器观察敌情。彩色摄像头拆装方便，还可以选择不同的镜头；监视器有十字瞄准指示，便于枪手精确瞄准。此外它还有军用光源、红外线激光指示器、消音器、消焰器等多种配置。

基本参数	
制造商	墙角射击公司
生产年限	2005年至今
口径	9毫米
全长	820毫米
重量	3.86千克
有效射程	50~200米
枪口初速	370米/秒
弹容量	10/17/19发
衍生型	4种
使用国	以色列、美国及其他国家

美国 M16 突击步枪

　　M16 系列是世界上使用最普遍的突击步枪之一，总生产量达 800 万支以上，现由柯尔特公司生产。

性能解析

　　M16 与一般导气式步枪不同，它没有活塞组件和气体调节器，而采用的是导气管。枪管中的高压气体从导气孔通过导气管直接推动机框，而不是进入独立活塞室驱动活塞。高压气体直接进入枪栓后方机框里的一个气室，再受到枪机上的密封圈阻止，因此急剧膨胀的气体便推动机框向后运动。机框走完自由行程后，其上的开锁螺旋面与枪机闭锁导柱相互作用，使枪机右旋开锁，而后机框带动枪机一起继续向后运动。

基本参数	
制造商	柯尔特公司
制造数量	800 万支以上
生产年限	1962 年至今
口径	5.56 毫米
全长	986 毫米
枪管长	508 毫米
重量	3.1 千克
射速	700~950 发 / 分
有效射程	550 米
枪口初速	975 米 / 秒
弹容量	20/30 发

装备特点

　　迄今为止，M16 系列步枪被将近 100 个国家使用，被誉为当今世界六大名枪之一。除了早期有一些毛病之外，M16 逐渐成为成熟而可靠的武器系统。它主要由柯尔特轻武器公司和赫斯塔尔国家兵工厂制造，而世界上很多国家都生产过其改进型。其半自动版本 AR-15，是由少数大生产商生产的并有许多细小的改进，从而成为美国流行的民用枪械之一。

美国 M4 卡宾枪

　　M4 卡宾枪是 M16 突击步枪的缩短版本，1994 年开始生产，具有紧凑的外形和强大的火力，适合近距离作战。

性能解析

　　M4 卡宾枪和 M16 突击步枪有 80% 的部件可以共用，但 M4 卡宾枪比 M16 突击步枪更短，重量也较轻，在近战时能快速瞄准目标。不过，M4 卡宾枪的短枪管使得枪口初速及火力降低，缩短的导气系统令射击声音增大，枪管过热也较快。而沿用 M16 突击步枪的导气系统，开火时是依靠气体推动整个系统。一些武器专家认为，它直接将气体导入开火装置，容易携带炭渣，从而产生污垢和热量，造成润滑剂干燥，可能会在沙漠地区出现可靠性问题。

基本参数	
制造商	柯尔特公司
口径	5.56 毫米
全长	840 毫米
枪管长	370 毫米
重量	2.88 千克
弹容量	30 发
枪口初速	910 米 / 秒
射速	950 发 / 分
有效射程	500 米

装备特点

　　M4 卡宾枪采用导气、气冷、转动式枪机设计，以弹匣供弹及可选射击模式。最初的 M4 卡宾枪只有"单发"及"三点发"模式，其后的 M4A1 以"单发"及"全自动"模式取代"三点发"。

美国 Mk 18 Mod 0 卡宾枪

　　Mk 18 Mod 0 是美国柯尔特公司在 M4 卡宾枪基础上改进而来的一款卡宾枪，主要装备美军特种部队。

性能解析

　　Mk 18 Mod 0 卡宾枪采用标准的 M4A1 下机匣，但内部增大了导气孔至 0.18 毫米，改装了缓冲器，采用扩大的拉机柄锁。最初的 Mk 18 Mod 0 卡宾枪将可拆提把切断，只保留后准星部分，现在大多改为装上可拆后备照门。该枪使用缠距为 178 毫米的 260 毫米枪管，护木内的枪管直径为 16 毫米。标准护木为 KAC RIS 导轨护木，可安装任何对应皮卡汀尼导轨的配件。

基本参数	
制造商	柯尔特公司
口径	5.56 毫米
全长	762 毫米
枪管长	262 毫米
重量	2.72 千克
弹容量	20/ 30 发
枪口初速	788 米 / 秒
有效射程	300 米

装备特点

　　Mk 18 Mod 0 卡宾枪主要发射 5.56×45 毫米 M855 普通弹和 M856 曳光弹，由于短枪变短，所以初速较低。该枪装有消焰器，保留刺刀卡笋，但不能安装刺刀。

美国 Mk 14 增强型战斗步枪

Mk 14 增强型战斗步枪是 M14 自动步枪的衍生型，专供美国海军特种作战司令部辖下的单位使用。

性能解析

Mk 14 EBR 设计中最突出的特点在于：枪管长度缩短到 457.2 毫米、可折叠式枪托和可以安装多种附件的导轨。Mk 14 EBR 的使用者都称赞它比 M14 自动步枪更易使用，这是由于 Mk 14 EBR 的人机工效比原来的 M14 自动步枪更出色，降低了后坐力，并可根据使用者的需求安装各种光学瞄准镜、夜视镜及各种战术配件。在战斗定位上，Mk 14 EBR 同时扮演着精确射手步枪和近距离作战步枪两种角色。

基本参数	
制造商	朗·史密斯公司
口径	7.62 毫米
全长	889 毫米
枪管长	457.2 毫米
重量	5.1 千克
弹容量	20/ 100 发
枪口初速	853 米 / 秒
射速	725 发 / 分
有效射程	500 米

装备特点

Mk 14 EBR 采用了标准型 M14 枪机和枪管部件，并且增加了伸缩式枪托、手枪握把、不同设计的准星、哈里斯两脚架、围绕着枪管的四条战术配件导轨，以及更有效、取代原来具有的标准型枪口消焰器功能的枪口制退器。类似 M4 卡宾枪的桨型枪机挡也被采用。Mk 14 EBR 的伸缩式枪托完全是由轻质航空合金所制造。

奥地利 AUG 突击步枪

AUG 是史上首次正式列装、实际采用犊牛式设计的军用突击步枪。

性能解析

AUG 是当时少数拥有模组化设计的步枪，其枪管可快速拆卸，并可与枪族中的长管、短管、重管互换使用。在与各枪进行的射击对比测试中，其射击精准度、目标捕获和全自动射击的控制等都不亚于美国的 M16 突击步枪、比利时的 FN FAL 突击步枪。

装备特点

奥地利 AUG 突击步枪是"世界六大名枪"之一，总数量居第三位的 AUG 突击步枪，除装备奥地利军队外，还装备阿根廷、澳大利亚、新西兰等 40 多个国家和地区。在 1991 年海湾战争中，沙特阿拉伯和阿曼的参战部队就使用该枪，赢得了士兵的好评。

基本参数	
制造商	斯泰尔 – 曼利夏
生产年限	1978 年至今
口径	5.56 毫米
全长	790 毫米
枪管长	508 毫米
重量	3.6 千克
射速	680~ 800 发 / 分
有效射程	500 米
枪口初速	970 米 / 秒
弹容量	30 发

比利时 FN FAL 突击步枪

FAL 型自动步枪是世界上最著名的突击步枪之一，曾是多个国家的制式装备，现由比利时国营兵工厂（FN 公司）生产。

性能解析

FN FAL 单发精度高，而且工艺精良、可靠性好。但由于使用的弹药威力大，射击时后坐力大，使连发射击时难以控制，存在散布面较大的问题。

装备特点

20 世纪 60 年代至 70 年代，FAL 自动步枪是西方雇佣兵爱用的武器之一，因此被美国的雇佣兵杂志誉为"20 世纪最伟大的雇佣兵武器之一"。FAL 具体产量无法准确统计，估计达到 400 万支。随着小口径步枪的兴起，20 世纪 80 年代到 90 年代，许多国家装备的 FAL 都被小口径步枪所替换。

基本参数	
制造商	FN 公司
制造数量	100 万支以上
生产年限	1953—1988 年
口径	7.62 毫米
全长	1 090 毫米
枪管长	533 毫米
重量	4.25 千克
射速	650~700 发 / 分
有效射程	650 米
枪口初速	840 米 / 秒
弹容量	20 发

比利时 FN FNC 突击步枪

FN 公司在 FN CAL 突击步枪的基础上研制 FN FNC 突击步枪。FN FNC 突击步枪的外形与 FN CAL 步枪基本相似。

性能解析

FN FNC 突击步枪有 2 种不同长度的枪管，一种是膛线缠距为 305 毫米的标准枪管，发射美国 M193 枪弹；另一种是膛线缠距为 178 毫米的短枪管，发射比利时 SS109 枪弹。2 种枪管可以互换使用。枪管用高级优质钢制成，内膛精锻成型，故强度、硬度、韧性较好，耐蚀抗磨。其前部有 1 圆形套筒，除可用于消焰外，还可发射枪榴弹。在弹匣供弹方面，FN FNC 采用 30 发 STANAG 标准弹匣。击发系统与其他现代小口径突击步枪相似，有半自动、三点发和全自动 3 种发射方式。枪口部有特殊的刺刀座，以便安装美国 M7 式刺刀。

基本参数	
制造商	FN 公司
口径	5.56 毫米
全长	997 毫米
枪管长	450 毫米
重量	3.8 千克
弹容量	30 发
枪口初速	965 米 / 秒
射速	700 发 / 分
有效射程	450 米

装备特点

FN FNC 突击步枪的最大特点是能单发、连发射击，并可实施 3 发点射，也可手动控制进行 1~3 发射击。目前，除比利时外，印度尼西亚、尼日利亚、瑞典、扎伊尔等国家都装备有此枪。

俄罗斯 AKM 突击步枪

AKM 是 AK-47 突击步枪的改进版，目前多个国家的特种部队都有采用。该枪自 1959 年开始由图拉兵工厂生产。

性能解析

与 AK-47 相比，AKM 的制造工艺得到了进一步改进，它更多地采用金属冲压、焊接工艺与合成材料，以此大幅降低枪支的重量、生产时间和成本。另外，它还进行了多处改进，包括：在护木上新增手指槽，让射手在全自动射击时更好地控制武器，以及在击锤上安装了 1 个由 5 个零件组成的击锤延迟体等。

装备特点

美国枪械专家对 AK-47 和 AKM 进行了无数发实弹射击试验，并使用高速照相机来分析工作件在射击时的运动情况，发现 AK 的枪机框在实现闭锁复进到位后，时常出现两三次轻微回跳。这导致击发时击锤首先打在枪机框后部，然后才打到击针，使打击底火的力量减小。这对需要一定击发强度的底火而言可能导致 AK-47 很偶然地会出现哑火现象。为从根本上消除这种哑火可能性，就为 AKM 设计了这套新的击发组件。该"减速器"在击发时能使击锤延迟几毫秒向前运动，以保证枪机框在前方完全停住后再打击击针。这足以消除由于各种原因导致哑火的可能性。这也是有时 AKM 即便使用一些已经生锈的底火却仍具有良好可靠性的原因之一。在试验记录上，AKM 未出现过一次因武器方面引起的哑火现象。

基本参数	
制造商	图拉兵工厂
制造数量	1027.83 万支
生产年限	1959 年至今
口径	7.62 毫米
全长	880 毫米
枪管长	415 毫米
重量	3.1 千克
射速	600 发 / 分
有效射程	400 米
枪口初速	715 米 / 秒
弹容量	20/ 30/ 40/ 75 发

俄罗斯 OTs-14 突击步枪

OTs-14 突击步枪是俄罗斯军队现役的无托结构突击步枪，使用 9×39 毫米亚音速弹药。

性能解析

OTs-14 突击步枪是在 AKS-74U 卡宾枪的基础上改进而来，继承了后者的气动式活塞系统和转栓式枪机闭锁系统，以及气冷枪管、弹匣供弹等特性。OTs-14 突击步枪与 AKS-74U 卡宾枪有 75% 的部件是可以互换的，主要零件也是从 AKS-74U 卡宾枪改良所得，并有所简化，以降低生产成本。由于采取了模块化设计，OTs-14 突击步枪的任何型号都能通过更换零件迅速变成其他型号，以适应不同任务的需要。

基本参数	
制造商	图拉兵工厂
口径	9 毫米
全长	610 毫米
枪管长	240 毫米
重量	3.6 千克
弹容量	20 发
枪口初速	720 米 / 秒
射速	750 发 / 分
有效射程	300 米

装备特点

OTs-14 突击步枪采用了无托结构，提高了便携性，并使枪重量平衡，易于单手握持，并可以像手枪一样单手射击。OTs-14 突击步枪使用封闭式枪机，有开火模式选择功能。机械式瞄具整合在枪身上方的提把上，照门位置可调，以便瞄准射击 50 米到 200 米范围目标。

瑞士 SG550 突击步枪

SG550 是 20 世纪 70 年代由 Swiss Arms(前身为 SIG Arms) 研制的突击步枪，是瑞士陆军的制式步枪，也是世界上最精确的突击步枪之一。

性能解析

SG550 采用导气式自动方式，子弹发射时的气体不是直接进入导气管，而是通过导气箍上的小孔，进入活塞头上面弯成 90° 的管道内，然后继续向前，抵靠在导气管塞子上，借助反作用力使活塞和枪机后退而开锁。SG550 大量采用冲压件和合成材料，大大减小了全枪重量。枪管用镍铬钢锤锻而成，枪管壁很厚，没有镀铬。消焰器长 22 毫米，其上可安装新型刺刀。标准型的 SG550 有两脚架，以提高射击的稳定性。

基本参数	
制造商	Swiss Arms
口径	5.56 毫米
全长	998 毫米
枪管长	528 毫米
空枪重	3.4 千克
重量	4.05 千克
弹容量	5/ 10/ 20/ 30 发
枪口初速	905 米 / 秒
射速	700 发 / 分
有效射程	400 米

装备特点

SG550 结构简单，全枪只有 174 个零部件，比 SG510 式 7.62 毫米步枪少 63 个。该枪坚固耐用，可靠性好，机动性强，费效比好，耐高温，抗严寒，是一支设计比较成功的小口径步枪。

瑞士 SG552 突击步枪

SG552 是一种短枪管型突击步枪，由 Swiss Arms 制造。

性能解析

在不改变弹药本身条件的情况下，枪管缩短自然会影响整体弹道性能并带来副作用。不过 SG552 就是以近战为主，所以长射程精度不在考虑范围之内。最能发挥 SG552 潜力的就是在行动中采用不同类型冲锋枪混合编制，由一方的火力优点弥补另一方的火力缺陷。

装备特点

SG552 的改良重点就是枪身前半段，包括枪管、活塞系统的再缩短，让其成为一把几乎与

基本参数	
制造商	Swiss Arms
生产年限	1998 年至今
口径	5.56 毫米
全长	730 毫米
枪管长	226 毫米
重量	3.2 千克
射速	720 发 / 分
有效射程	450 米
枪口初速	905 米 / 秒
弹容量	5/ 10/ 20/ 30 发

现代化冲锋枪等长的突击步枪。552 型的枪机、活塞是以焊接方式结合在一起的，只有拉柄受机匣结构限制，拆装时依旧自成一件，但也修饰得更显精致。SG552 与 SIG 公司其他步枪采用相同的制造标准，拥有世界一流的精密加工品质。制程与操作保养却没有太多华而不实的花招。它也大量运用冲压组件来生产下节套。拆装分解的程序甚至比 AK 步枪还要简便。塑料组件不仅量轻易于生产，更便于寒冷地带使用。枪托、握把、护手皆为硬质聚合塑料材质。枪托也能承受猛烈冲撞及高处落地的撞击力。

德国 HK G3 突击步枪

　　G3 是德国黑克勒－科赫（HK）公司于 20 世纪 50 年代、以 StG45 步枪为基础所改进的现代化自动步枪，是世界上制造数量最多、使用最广泛的自动步枪之一。

性能解析

　　G3 采用半自由枪机式工作原理，零部件大多是冲压件，机加工件较少。机匣为冲压件，两侧压有凹槽，起导引枪机和固定枪尾套的作用。枪管装于机匣之中，并位于机匣的管状节套的下方。管状节套点焊在机匣上，里面容纳装填杆和枪机的前伸部。装填拉柄在管状节套左侧的导槽中运动，待发时可由横槽固定。

　　发射机构是 1 个独立的组合件，用连接销固定在机匣上。G3 的枪管采用普通膛线，弹膛内壁开有 12 条纵向槽，以降低抽壳阻力。枪口部有螺纹，并有 1 个锯齿形的圆环，用以安装消焰器固定卡簧或发射空包弹的附件。该枪采用机械瞄准具，并配有光学瞄准镜和主动式红外瞄准具。

基本参数	
制造商	HK 公司
研制时间	1950 年
口径	7.62 毫米
全长	1 026 毫米
枪管长	450 毫米
重量	4.41 千克
弹容量	5/ 10/ 20 发
枪口初速	800 米 / 秒
射速	600 发 / 分
有效射程	700 米

装备特点

　　HK 公司在 G3 步枪的基础上，在很短的时间，通过局部的变换就迅速地扩展出包括冲锋枪、轻机枪、狙击步枪在内的多种变形枪，使 G3 成为世界上变形枪较多的枪械。

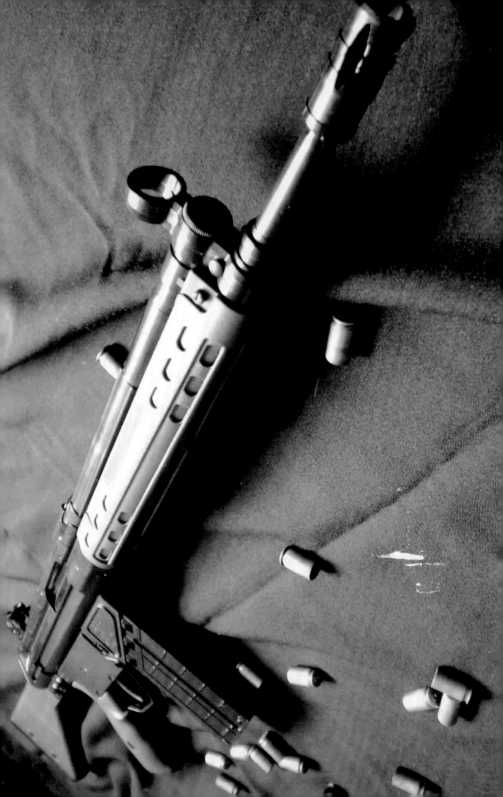

德国 HK G36 突击步枪

HK G36 是德国 HK 公司在 1995 年推出的现代化突击步枪，发射 5.56×45 毫米北约制式子弹。

性能解析

G36 采用转栓式枪机、短行程活塞导气系统设计，具有"模块化、信息化"的特点。该枪机匣以碳纤维聚合物制造，清枪分解时无须专用工具。枪机拉柄在机匣上方，左右手皆可操作。各个型号的 G36 都附有折叠枪托，折叠时不妨碍排壳口运作。该枪有单发、二连发、三连发和全自动发射几种模式，具体情况取决于不同型号的扳机组。

基本参数	
制造商	HK 公司
制造数量	100 万支以上
生产年限	1995 年至今
口径	5.56 毫米
全长	999 毫米
枪管长	480 毫米
重量	3.6 千克
射速	750 发 / 分
有效射程	800 米
枪口初速	920 米 / 秒
弹容量	30/ 100 发

装备特点

G36 其名声远不及 M16、AK–47、AUG 等突击步枪，而且没有经过实战检验。但是绝妙的构思，看似常规却又处处透出的非常规之举，以及优良的战术性能，使之公开亮相不久，便引起世界枪坛的广泛关注，并在短短数年间，排在了世界小口径名枪之列。2015 年 4 月 1 日，德国防长指责国防军制式步枪 G36 存在精度问题。

法国 FAMAS 突击步枪

FAMAS 是法国军队及警队的制式突击步枪，也是世界上著名的无托式步枪之一。

性能解析

不管是近距离的连射还是中远距离的点射，FAMAS 都有着优良的表现。该枪有单发、三发点射和连发 3 种射击方式，射速较快，弹道非常集中。不过该枪枪膛靠后，离射手头部较近，发射时噪声大，抛出的弹壳和烟雾会影响射手。

装备特点

FAMAS 式步枪除标准型以外，还有FAMAS 出口型，只能单发射击；FAMAS 民用型，采用 570 毫米长枪管，发射雷明顿 0.22 英寸枪弹；改进型有 FAMAS-G1和 G2。然后，又研制了 FAMAS 式突击队员步枪、FAMASSPM 式冲锋枪、FAMAS 式狙击步枪等变形枪。FAMAS 还有过一种半自动的型号通过 Century International Arms 公司出口到美国。

基本参数	
制造商	GIAT
制造数量	40 万支 (F1 型)
生产年限	1975 年至今
口径	5.56 毫米
全长	757 毫米
枪管长	488 毫米
重量	3.61 千克
射速	900~1 000 发 / 分
有效射程	300 米
枪口初速	960 米 / 秒
弹容量	25/ 30 发

俄罗斯 AS 特种突击步枪

AS 特种突击步枪是由中央精密机械工程研究院于 20 世纪 80 年代后期研制的，目前主要装备于俄罗斯特种部队。

性能解析

AS 突击步枪配有特制的枪口消声器，可降低武器的射击噪声。它还配有折叠式枪托，并可安装 4 倍的光学瞄准镜和 3.46 倍的夜视瞄准具。AS 突击步枪发射增强穿甲弹头枪弹时，能够击穿 5 毫米厚的钢板或软蒙皮物质，可用于杀伤 400 米内穿有防弹衣的人员。

AS 突击步枪采用导气式工作原理，枪机为回转闭锁方式，可拆卸的弧形双排盒式弹匣供弹。闭锁时，枪机绕纵向轴回转，借助 6 个突笋的作用实现闭锁。击锤式击发机构能实现单发或连发射击。保险机构可避免无意扣压扳机或枪膛未闭锁时出现走火。

基本参数	
制造商	图拉兵工厂
生产年限	1981 年至今
口径	9 毫米
全长	878 毫米
枪管长	200 毫米
重量	2.5 千克
射速	800 发 / 分
有效射程	400 米
枪口初速	295 米 / 秒
弹容量	20 发

装备特点

AS 突击步枪的设计目标是发射时无噪声无光焰，射程达到 400 米并能够发射破甲弹。承包商称该破甲弹能够穿透防弹衣和部分装甲车辆。该枪配有特制的枪口消音器以降低噪声。能够安装光学或夜视瞄准镜，枪托可以折叠。

比利时 FN F2000 突击步枪

　　FN F2000 是比利时 FN 公司研制的一款突击步枪，于 2001 年 3 月在阿拉伯联合酋长国阿布扎比举行的展览会上首次正式亮相，目前已被多个国家的特种部队所采用。

性能解析

　　FN F2000 采用混合式发射模式选择钮及前置式抛壳口，由一段经机匣内部、枪管上方的弹壳槽导引至枪口上抛壳口并向右自然排出，解决了左手射击时弹壳抛向射手面部及被气体灼伤的问题。该枪射击时首发弹壳会留在弹壳槽内，直到射击至第三四发后首发弹壳才会被排出。

装备特点

　　FN F2000 是一个紧凑型 5.56 毫米无托步枪。

基本参数	
制造商	FN 公司
生产年限	2001 年至今
口径	5.56 毫米
全长	688 毫米
枪管长	400 毫米
重量	3.6 千克
射速	850 发 / 分
有效射程	500 米
枪口初速	910 米 / 秒
弹容量	30 发

该步枪采用了大量复合材料，外形光滑、流畅。光学瞄准具安装在皮卡汀尼式皮卡汀尼轨道上，外罩 1 个模压的框架，框架内设有缺口和柱状准星。采用标准 M16 的 30 发弹匣供弹，拆装十分方便。

俄罗斯 AK-47 突击步枪

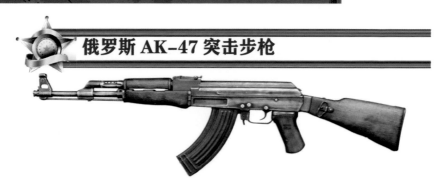

AK-47 是由著名枪械设计师米哈伊尔·季莫费耶维奇·卡拉什尼科夫设计的突击步枪。

性能解析

与二战时期的步枪相比，AK-47 的枪身短小、射程较短（约 300 米）、火力强大，适合较近距离的突击作战。它的枪机动作可靠，即使在连续射击时或有灰尘等异物进入枪内时，它的机械结构仍能保证其继续工作。AK-47 的主要缺点是全自动射击时枪口上扬严重，枪机框后坐时撞击机匣底，机匣盖的设计导致瞄准基线较短，瞄准具不理想，导致射击精度较差，特别是 300 米以外难以准确射击，连发射击精度更低。

基本参数	
制造商	伊茨玛希公司
服役时间	1947 年
口径	7.62 毫米
全长	870 毫米
枪管长	415 毫米
全枪长	870 毫米
重量	4.3 千克
射速	600 发 / 分
有效射程	300 米
弹容量	30 发

装备特点

AK-47 枪是世界上最著名的步枪之一，制造数量和使用范围极为惊人。在沙漠、热带雨林、严寒等极度恶劣的环境下，AK-47 仍能保持相当好的效能。此外，该枪结构简单，易于分解、清洁和维修。

俄罗斯 AK-74 突击步枪

AK-74 突击步枪是俄罗斯装备的第一种小口径突击步枪，也是继 M16 突击步枪之后世界上第二种大规模装备部队的小口径步枪。

性能解析

虽然 AK-74 是由 AKM 缩小口径改良而来，但也加入了许多全新设计。由于改用了 5.45 毫米子弹，所以该枪的枪管口径与膛室也需要做相对的修改，并在枪口上设计了 1 个大型枪口制退器以降低后坐力和提高射击精度。再加上所采用的是后坐力较小的 5.45 毫米小口径子弹，所以该枪的后坐力很小，射击精度极高。

装备特点

从生产和换装训练的角度说，AK-74 结构简单、轻便、坚固、使用方便，动作可靠，火力猛，故障少，而且经济实惠，是世界上生产和装备数量最多的步枪之一。东欧一些国家也特许生产和装备此枪，并做了某些改进。苏联解体后，俄罗斯军队仍将 AK-74 作为主要制式装备。独联体各国部队也装备使用 AK-74 枪族，包括突击步枪、短突击步枪和轻机枪。

基本参数	
制造商	图拉兵工厂
制造数量	500 万支以上
生产年限	1974 年至今
口径	5.45 毫米
全长	943 毫米
枪管长	415 毫米
重量	3.3 千克
射速	650 发 / 分
有效射程	300~500 米
枪口初速	900 米 / 秒
弹容量	20 / 30 / 45 发

加拿大 C7 突击步枪

　　C7 是加拿大柯尔特公司为加拿大军队生产的制式突击步枪，目前除了被加拿大军队采用之外，其他包括英国、澳大利亚、荷兰等国都有使用。

性能解析

　　相比 M16，C7 突击步枪改良了护木设计，加长枪托，采用 M16A1 式照门，但没有风偏调节器，锻碳钢枪管，可安装加拿大制 M203A1 榴弹发射器，具备全自动发射能力，配发 20 发或 30 发塑料弹匣，还能与 M16 的铝制弹匣通用。此外，该枪可加挂 HK 公司研制的 G36 式 40 毫米枪挂榴弹发射器。

装备特点

　　C7 使用 M16A1 的下机匣，因此可以全自

基本参数	
制造商	柯尔特公司
制造数量	20 万支以上
口径	5.56 毫米
全长	1 006 毫米
枪管长	508 毫米
重量	3.3 千克
射速	700~900 发 / 分
有效射程	400 米
枪口初速	940 米 / 秒
弹容量	30 发

动发射。C7 是 M16 突击步枪的衍生型。要区分 C7 和 M16，主要是留意机匣铭文，C7 系列印有枫叶标记，也在拉机柄加入提高强度的设计。还有一个至关重要的特征，是 M16 主要使用合金制造，而加拿大生产的 C7 主要使用塑料，故十分便捷。C7 有多种衍生型，包括 C7A1、C7A2、C7CT、LSW、C8、C8A1、C8A2、C8FTHB、C8CT、C8CQB、SFW 等。C7 推出后成为加拿大军队制式步枪，其他使用国还包括英国特种空勤团 (SAS) 及英国皇家海军陆战队、澳大利亚特种空勤团、挪威的 H. Rens Jegerkommando、丹麦军队 (制式步枪)、荷兰海军陆战队。

德国 / 美国 HK416 突击步枪

HK416 是由 HK 公司设计生产的一款突击步枪，其设计结合了 HK G36 突击步枪、M16 突击步枪和 M4 卡宾枪的优点。

性能解析

为全面提高武器在恶劣条件下的可靠性、全枪寿命以及安全性，HK416 的枪管采用了冷锻成型工艺。优质的钢材以及先进的加工工艺，使得 HK416 的枪管寿命超过 2 万发。此外，HK 公司还新研制了可靠性更高的弹匣以及后坐缓冲装置，使该枪的可靠性和精准性获得大幅提升。该枪的机匣及护木共设有 5 条战术导轨以安装附件，采用自由浮动式前护木，整个前护木可完全拆下，改善了全枪的重量分布。枪托底部设有降低后坐力的缓冲塑料垫，机匣内有泵动活塞缓冲装置，有效地减少了后坐力和污垢对枪机运动的影响，从而提高了武器的可靠性。

基本参数	
制造商	HK 公司
生产年限	2005 年至今
口径	5.56 毫米
全长	797 毫米
枪管长	264 毫米
重量	3.02 千克
射速	700~900 发 / 分
有效射程	450 米
枪口初速	788 米 / 秒
弹容量	20/30 发

装备特点

HK416 卡宾枪项目原本称为 HKM4，但因为柯尔特拥有 M4 系列卡宾枪的商标专利，所以黑克勒 - 科赫改以 "416" 为名称，而 "416" 就是指 M4 和 M16。HK416 的运作设计类似 AR18 与 HK G36，而外形则与 M4 卡宾枪相似。HK416 还可通过导轨安装 AG416 榴弹发射器发射 40×46 毫米榴弹。此外，HK416 还配有空包弹适配器，此时只能发射空包弹，可杜绝误装实弹引发的安全事故。HK 公司通过各种途径不遗余力地宣传 HK416 卡宾枪，这支枪也迅速得到众多媒体及军方的关注。《轻武器评论》(美) 以及《简氏国际防务评论》都对 HK416 作了专题报道。

南非 CR-21 突击步枪

CR-21 是一款南非生产的无托结构突击步枪，现由维克多武器公司生产。

性能解析

CR-21 突击步枪的部分结构与斯泰尔 AUG 突击步枪相似，以握把护圈取代扳机护圈，以较长而平稳的滑动式扳机设计取代一般的钩状扳机，并在握把上加上防滑纹以便射击时更稳定。设置在扳机上部前方的手动保险是贯穿枪身的横栓式设计，从右侧压到左侧时出现红色标记即表示解除保险。位于枪身上方左侧的拉机柄不随枪机移动，在射击过程中停在前进位置。

基本参数	
制造商	维克多武器公司
生产年限	1997 年至今
口径	5.56 毫米
全长	760 毫米
枪管长	460 毫米
重量	3.72 千克
射速	600~750 发 / 分
有效射程	300~600 米
枪口初速	980 米 / 秒
弹容量	20/ 35 发

装备特点

CR-21 突击步枪是南非新一代步枪。外形怪异是它的外观特色。它的内部机件被罩在用工程塑料制成的外壳中，枪表面采用了没有棱角的曲面过渡。设计上注意了如果发生意外时能向下排除火药气体，避免射手脸部受伤。在机匣与枪托结合体右侧的抛壳口上方有凸起板，可以保证射击后的弹壳向前下方抛出。它无须任何改动就可实现左右手射击。它还有个与众不同之处，就是采用集成的反射式光学瞄准镜，具有零放大率和大视场，可睁开双眼瞄准。它的枪口消焰器性能优异。CR-21 突击步枪除标准型外，还有全枪长度比标准型短100 毫米的短小型。

墨西哥 FX-05 突击步枪

FX-05 是由墨西哥军队装备产业总局研制并生产的突击步枪，发射 5.56×45 毫米北约标准弹药或 6.8×43 毫米 SPC 步枪弹，目前主要装备于墨西哥特种空中机动部队。

性能解析

FX-05 突击步枪采用可折叠式的机械瞄具、红点镜和激光瞄准器系统，可伸缩及折叠式枪托，以及冷锻碳钢式枪管。该枪有 3 种射击模式，即半自动、3 点连发和全自动。

装备特点

FX-05 突击步枪口径是 5.56×45 毫米北约标准子弹，并使用 G36 式的 30 发塑料弹匣，但是否能够互换暂不清楚。步枪的分解系统据说与 G36 非常类似。虽然目前未公布 FX-05 的导气系统和枪机的资料，但大多数人认为 FX-05 确实

基本参数	
制造商	墨西哥军队装备产业总局
制造数量	1 万支以上
生产年限	2005 年至今
口径	5.56 毫米
全长	1 087 毫米
枪管长	480 毫米
重量	3.89 千克
射速	750 发 / 分
有效射程	200~800 米
枪口初速	956 米 / 秒
弹容量	30 发

是参考了 G36 的短行程导气活塞和回转式枪机。但拉机柄的设计则类似于 FN SCAR。在 2006 年的阅兵式中展出的 FX-05 由 2 支精锐部队各携带 2 种型号，一种带有机械瞄具；另一种是带有提把的整体式瞄具。

俄罗斯 SR-3 突击步枪

SR-3 是由俄罗斯中央研究精密机械制造局研制并生产的一款突击步枪，被俄罗斯联邦安全局、俄罗斯联邦警卫局等部门正式采用。进入 21 世纪，中央精密机械工程研究院对 SR-3 进行改进后衍生出了 SR-3M，目前已被俄罗斯各地的联邦安全局和特警队少量使用。

性能解析

SR-3 突击步枪的聚合物护木前上方设有 1 对左右对称的滑块状拉机柄，拉机柄在射击时不会跟随枪机一起运动。在枪机机框右侧有 1 个水滴形状的凹坑，内部具有锯齿形防滑纹。由于该枪的瞄准基线过短，且亚音速子弹的飞行轨弯曲度太大，所以实际用途与冲锋枪相近。

装备特点

SR-3 是以 ASVal 微声突击步枪为基础，专门为政要保卫小组或需要隐蔽携带突击武器的特种部队设计。目前 SR-3 被俄罗斯联邦内许多 FSO(联邦保护局，负责保护总统和其他政府重要人员)和 FSB(联邦安全局)的行动人员所广泛采用，同时其他俄罗斯的执法机构的特种部队也有采用。在尺寸、重量和战斗中担任的角色而言，SR-3 与大多数的冲锋枪类似。但由于它发射大威力的 9×39 毫米步枪弹，因此俄罗斯人把 SR-3 定义为突击步枪而非冲锋枪。

基本参数	
制造商	中央研究精密机械制造局
生产年限	1996 年至今
口径	9 毫米
全长	610 毫米
枪管长	156 毫米
重量	2 千克
射速	900 发 / 分
有效射程	200 米
枪口初速	295 米 / 秒
弹容量	10/ 20/ 30 发

斯泰尔 ACR 突击步枪

　　斯泰尔 ACR 突击步枪是奥地利斯泰尔 – 曼利夏公司为美军 20 世纪 90 年代初的 ACR 计划设计的一款使用箭形弹的突击步枪。

性能解析

　　斯泰尔 ACR 突击步枪的设计与斯泰尔 AUG 在外形上部分相似，如采用了相同的无托设计，弹匣位于靠近枪托的地方，且光学瞄具也作为标准配备包含在内。不同之处主要在于前者的枪管大都是被包覆住的，而 AUG 的枪管则裸露在外。

　　ACR 突击步枪最大的特点在于其采用箭形弹药。这种造型独特的箭形弹由碳素钢制成，直径 1.5 毫米 (名义上口径仍为 5.56 毫米)，长 41 毫米。弹壳为塑料制，没有底缘或者拉壳沟槽，环形底火紧贴在弹壳内壁上。箭形弹的重量很轻，仅有 0.66 克，枪口初速可达 1450 米 / 秒，且具备不错的存能性，在 600 米的距离仍能达到 910 米 / 秒的速度。这意味着该弹不但具有很强的穿甲能力，而且士兵能在射击移动目标时不需要提前预判射击点，只要直接瞄准射击即可，极大地提升了射击移动目标的准确性。

基本参数	
制造商	斯泰尔 – 曼利夏公司
口径	5.56 毫米
全长	780 毫米
枪管长	541 毫米
重量	3.2 千克
射速	2 200 发 / 分
枪口初速	1 450 米 / 秒
弹容量	24 发

装备特点

　　即使斯泰尔的设计和提交的其他武器一样已经被证明是优秀的设计，但整个 ACR 计划因为提交的 4 款设计没有一款可以达到性能超越 M16A2 突击步枪的标准而被作废。

克罗地亚 VHS 突击步枪

VHS 是一款由克罗地亚 HS Produkt 工厂设计的无托结构突击步枪，主要有 2 个衍生型号，分别是 VHS-D 和 VHS-K。

性能解析

VHS 突击步枪的弹匣插座位于握把后面，形状呈长方形，弹匣扣（兼释放按钮）设置在其后部。拉机柄位于提把下方，抛壳口外围带有连着的抛壳挡板，分别设于上、下和后 3 个方向，以防止其抛壳方向不稳定。

装备特点

VHS 步枪的一个特点是重量极轻，没有任何附件及弹匣的空枪只有 2.3 千克。大多数无托步枪的重量都并不轻，虽然它们的长度比传统结构

基本参数	
制造商	HS Produkt 工厂
制造数量	2 万支以上
生产年限	2007 年至今
口径	5.56 毫米
全长	998 毫米
枪管长	450 毫米
重量	3.99 千克
射速	650 发 / 分
有效射程	500 米
枪口初速	950 米 / 秒
弹容量	30/ 100 发

的步枪短，但步枪结构的固有重量在这里，把机匣包到枪托内并不能起到减轻重量的作用。而 FAMAS 步枪本身也超过 3 千克，但 VHS 步枪如此地轻，估计是大量采用新型材料的缘故。目前，VHS 步枪正由克罗地亚军队进行野战试验。

比利时 / 美国 FN SCAR 突击步枪

SCAR 是特种部队战斗突击步枪（SOF Combat Assault Riflt）的简称，有 2 种版本，即轻型版 (SCAR-L) 和重型版 (SCAR-H)，这两种型号都可发射北约 7.62 毫米弹。

性能解析

FN SCAR 的机匣由上下两部分组成，用 2 个十字销连接在一起，其中上机匣采用铝冲压制成，下机匣则主要采用聚合物材料制作。两个版本的上机匣基本相同，只是抛壳窗的尺寸有些差别。其他的不同之处主要包括与口径不同的有关枪机的设计、枪管与弹匣一体的下机匣以及弹匣等。

基本参数	
制造商	FN 公司（美国分公司）
生产年限	2009 年至今
口径	5.56/ 7.62 毫米 (L/H)
全长	889/ 965 毫米
枪管长	355/ 400 毫米
重量	3.12/3.26 千克
射速	550~600 发 / 分
有效射程	500/ 600 米
枪口初速	870 米 / 秒、714 米 / 秒
弹容量	30/ 20 发

装备特点

FN SCAR 步枪是以 FN FNC 突击步枪为基础设计的。FN FNC 突击步枪和它的瑞典堂兄 AK-5 突击步枪已经使用多年，在丛林、沙漠和极地等环境下表现了出色的可靠性。因为 FN FNC 和 AK-5 都是以 AK 式操作系统为基础，所以它们在污垢、泥、沙等极端环境下的可靠性较高。唯一的问题是 FN FNC 的击针容易断裂。不过，这个问题很容易改进。FN SCAR 步枪继承了 FN FNC 的导气式原理、短行程活塞、AK 式的双闭锁突笋回转式枪机和固定抛壳挺。这种系统比起 M16 系列在恶劣环境，特别是在沙子、灰尘和其他污垢进入机匣后所受到的影响更少。然而随着进一步的资料公开，可以发现其枪机框的设计似乎参考了 XM8，而机头似乎是类似于 FN Minimi/M249 SAW 机枪的多闭锁突笋机头。

捷克 CZ-805 Bren 突击步枪

CZ-805 Bren 是一款具有现代化外观的模组化单兵武器。它虽然与曾经的竞争对手——比利时 FN SCAR 突击步枪有着相似的外形，但在设计上与之有着明显差异。除捷克军队装备外，未来该枪还很有可能会出口到世界其他国家。

▌▌▌▶ 性能解析

CZ-805 Bren 突击步枪的弹匣由半透明聚合物材料制成，弹匣体上有并联卡销。弹匣插座为单独的可拆卸模块，当需要更改口径时，除了更换枪管外，还需要更换弹匣插座。该枪有单发、两发点射和全自动 3 种射击模式。手动保险和快慢机柄在枪身两侧都有，以方便射手快速切换射击模式。

▌▌▌▶ 装备特点

CZ-805 Bren 是一款由捷克布罗德兵工厂开发的突击步枪，是捷克军队的新型制式步枪，曾参加 2001 年阿富汗战争。CZ-805 Bren 在 2009 年首次向公众展示，并将会取代所有老旧的 Vz.58。2010 年，CZ-805 被捷克军队选定为下一代制式军用步枪，并向布罗德兵工厂发出生产合同。

基本参数	
制造商	捷克布罗德兵工厂
生产年限	2011 年至今
口径	5.56/7.62 毫米
全长	910 毫米
枪管长	360 毫米
重量	3.6 千克
射速	760 发 / 分
有效射程	500 米
弹容量	30 发

俄罗斯 AK-12 突击步枪

AK-12 是俄罗斯伊茨玛希工厂针对 AK 枪族常见的缺陷而改进和生产的现代化突击步枪。虽然仍被称为卡拉什尼科夫系列自动步枪，但实际上该枪的设计已经很大程度上与卡拉什尼科夫步枪迥异了。

性能解析

目前许多关于 AK-12 的消息还处于保密状态，但其原形 AK-200 是以 AK-74M 突击步枪（口径 5.45 毫米）为基础，加上经过改进的外部设计。其中最大的改进是为在机匣盖后端和照门的位置增加了固定装置，以便安装皮卡汀尼战术导轨桥架后避免射击时跳动。

装备特点

AK-12 是第五代 AK 系列步枪，和前一代的

基本参数	
制造商	伊茨玛希工厂
生产年限	2011 年至今
口径	5.45 毫米
全长	945 毫米
枪管长	415 毫米
重量	3.3 千克
射速	600 发 / 分
有效射程	625～800 米
枪口初速	900 米 / 秒
弹容量	30/ 60/ 95 发

AK-74M 突击步枪有许多通用部件，在人体工程学方面做了一些改进，包括枪栓、导轨和可伸缩式枪托。该枪后坐力比 AK-74M 低，携弹量和 AK-74 突击步枪一样为 30 发，也可为 60 发或 95 发。2011 年 8 月，AK-12 突击步枪的研制工作启动；2012 年 1 月 24 日，首支样枪推出。2015 年 2 月 8 日，俄罗斯国防部选定卡拉什尼科夫集团生产的 2 种突击步枪——AK-12 式 5.45×39 毫米和 AK-103-4 式 7.62×39 毫米——作为"战士"现代化单兵作战系统的制式武器。"战士"现代化单兵作战系统采购数量从 50 000 套增加至 70 000 套。武装部队将只为列装"战士"士兵系统的部队配备 AK-12 突击步枪，其余部队将配备改进型 AK-74M 突击步枪。

2.2 狙击步枪

美国 M40 狙击步枪

M40 是由雷明顿民用型 700 步枪衍生而来的狙击步枪，是美国海军陆战队自 1966 年以来的制式狙击步枪。

性能解析

M40 狙击步枪的最初版本因木制枪托在越南战场的炎热潮湿环境下，出现受潮膨胀等严重问题，难以适应战场。所以之后的 M40A1 和 M40A3 换装了玻璃纤维枪托，加上其他功能的改进，逐渐成为性能优异的成熟产品。

装备特点

M40 狙击步枪是雷明顿 M700 步枪的衍生型号，因此具有雷明顿 700 步枪的所有优点。在 USMC 制式狙击枪选型中战胜温彻斯特 M70(M70 由于枪机对清洁维护要求较高而落选)。据称 USMC 于 2004 年 10 月前将现有的 M40A1 全面换装为 M40A3，因为前者的枪托很容易受潮，而且太沉了。由于 M40 系列狙击步枪性能好，在 1966 年越战时期服役于美国海军陆战队。

基本参数	
制造商	雷明顿公司
生产年限	1966 年至今
口径	7.62 毫米
全长	1 117 毫米
枪管长	610 毫米
重量	6.57 千克
最大射程	1 370 米
有效射程	900 米
枪口初速	777 米 / 秒
弹容量	5 发

美国 M24 狙击步枪

　　M24 狙击步枪是雷明顿 700 步枪的衍生型之一，由于其性能非常优异，所以逐渐取代了其他狙击步枪，成为美军的主要狙击武器。

▌▌▌★ 性能解析

　　M24 是特别采用碳纤维与玻璃纤维等材料合成的枪身枪托，可在 –45 ～ +65℃气温变化中正常使用。为了确保射击精度，该枪设有瞄准具、夜视镜、聚光镜、激光测距仪、气压计等配件，远程狙击命中率较高，但使用较为烦琐。

▌▌▌★ 装备特点

　　M24 继承了雷明顿 700 系列步枪闭锁可靠，枪托与机匣配合紧密，精度高，线条流畅，外形优雅的一贯优点。采用加长版旋转后拉式枪，因

基本参数	
制造商	雷明顿公司
生产年限	1988 年至今
口径	7.62 毫米
全长	1 092.2 毫米
枪管长	609.6 毫米
重量	5.5 千克
最大射程	1 500 米
有效射程	800 米
枪口初速	853 米 / 秒
弹容量	5/10 发

为在设计之初，曾打算采用威力更大的 .30–06 斯普林菲尔德步枪弹（7.62x63 毫米）。.30–06 步枪弹是二战时美军的标准枪弹，尽管仍在美军武器采购名单之列，但技术已经陈旧过时。后来采用更短的 7.62x51 毫米 NATO 北约标准步枪弹，这样枪机就显得太长。据说在早期的型号中，如果子弹不能牢固地贴住弹匣的后壁，就会引发供弹故障。

美国 M82 狙击步枪

M82 是美国巴雷特公司研制的重型特殊用途狙击步枪，有多种衍生型号，包括美军特种部队在内的许多西方国家军队都有使用。

性能解析

M82 具有超过 1800 米的有效射程，甚至有过 2500 米的命中纪录，超高动能搭配高能弹药，可以有效摧毁雷达站、卡车、战斗机（停放状态）等战略物资，因此也被称为"反物资步枪"。

装备特点

M82 枪族最新的产品是 M82A1M。M82A1M 与 M82A1 不同之处在于 M82A1M 的战术导轨被大幅度加长。除原本的望远式瞄准镜外，还可同时加装其他如夜视镜等的瞄准装置、在枪托底部加装单脚架，其他还包括枪身轻量化、改用可拆式两脚架及改良的双室枪口制退器。M82A1 于 2002 年被选为实验性的 OSW（Objective Sniper Weapon，理想狙击武器）。

基本参数	
制造商	巴雷特公司
生产年限	1982 年至今
口径	12.7 毫米
全长	1 219 毫米
枪管长	508 毫米
重量	14 千克
最大射程	2 000 米
有效射程	1 800 米
枪口初速	853 米/秒
弹容量	10 发

美国 M99 狙击步枪

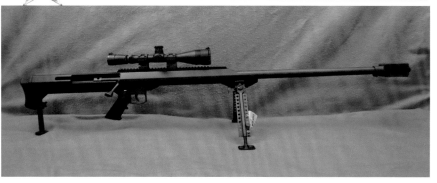

M99 是美国巴雷特公司于 1999 年推出的新产品，别名 BIG SHOT，取英文"威力巨大，一枪毙命"之意。

性能解析

M99 外形美观庄重，结构简单，只要拔下 3 个快速分解销，就可以完成不完全分解，修理和保养十分方便。由于采用多齿刚性闭锁结构，非自动发射方式，即发射 1 发枪弹后，需手动退出弹壳，并手动装填第 2 发枪弹，因此 M99 是没有弹匣的。该枪主要使用 12.7×99 毫米大口径勃朗宁机枪弹，必要时也可以发射同口径的其他机枪弹，主要打击目标是指挥部、停机坪上的飞机、油库、雷达等重要设施。

基本参数	
制造商	巴雷特公司
口径	10.57/ 12.7 毫米
全长	1 280 毫米
枪管长	813 毫米
重量	11.8 千克
弹容量	1 发
枪口初速	900 米 / 秒
有效射程	1 850 米

装备特点

M99 具有射击精度高、后坐力小、可靠性高和经济性能好的特点。由于 M99 的弹仓只可放 1 发子弹而且不设弹匣，在军事用途上缺乏竞争力，所以现在主要是向民用市场及执法部门发售。该枪有 2 种口径，分别是 12.7 毫米和约 10.57 毫米。在美国一些禁止民间拥有 12.7 毫米步枪的州（如加州）只会发售 10.57 毫米口径版本。

英国 AW 狙击步枪

    AW 是英国精密国际公司研发的一款狙击步枪，自从 20 世纪 80 年代问世至今，深受平民、警察、军官和士兵的喜爱。

性能解析

    AW 狙击步枪能达到 0.75MOA 的精准度，据说在 550 米的距离上发射船形尾比赛弹的散布直径能小于 51 毫米。北约测试中心曾进行了 25 000 发的可靠性测试，表明 AW 的枪管非常耐用。而在不降低狙击精度的情况下，其枪管寿命可达 5 000 发。

基本参数	
制造商	精密国际公司
制造数量	3 000 支（英军）
生产年限	1982 年至今
口径	7.62 毫米
全长	1 180 毫米
枪管长	660 毫米
重量	6.5 千克
有效射程	800 米
枪口初速	850 米 / 秒
弹容量	10 发

装备特点

    现在 AW 已成为一个枪族，其中有前托较短的 L42A1 狙击步枪，AW50 狙击步枪与其他 AW 枪族基本相同，只是为适合 .50 BMG 弹而增加了高效的缓冲系统，枪托可折叠以缩短携行长度，枪托底部有可调整的后脚架。还有一款特殊的狙击步枪，它叫 50BMG 狙击步枪，也是 AW 枪族的一员——50BMG 不像多数 AW 狙击步枪那样发射 7.62 毫米枪弹，而是发射 12.7 毫米枪弹，弹匣容量为 5 发。

英国 L42A1 狙击步枪

　　L42A1 式 7.62 毫米狙击步枪是英国恩菲尔德兵工厂于 20 世纪研发制造的步枪，现已不再生产，但仍装备英国部队。

性能解析

　　L42A1 新的重型枪管由高质量的 EN19AT 钢冷锻而成，因此枪管外表面留下冷锻时产生的"蛇皮"表纹。早期的枪管采用传统的恩菲尔德膛线，后来改为梅特福膛线，所以后期的枪管比较便宜和容易生产。L42A1 使用恩菲尔德式弹匣抛壳挺，抛壳挺位于弹匣口后左侧的边缘上。这样的设计使机匣内的固定抛壳挺显得多余。另外，机匣也稍加改变，以使新的弹匣插入后能准确定位并保证供弹可靠。

基本参数	
制造商	恩菲尔德兵工厂
口径	7.62 毫米
全长	1 181 毫米
枪管长	699 毫米
重量	4.42 千克
产量	约 1 200 支
弹容量	10 发
枪口初速	838 米 / 秒
有效射程	910 米

装备特点

　　所有的 L42A1 都经过严格的测试以确保它们安全可靠。在 L42A1 的拉机柄、机头和机匣上有 1 个"19T"的检验标志打在十字旗的公司标志中，这表示这些部件经过每平方英寸 19 吨的压力测试。L42A1 的前托较短，可部分地补偿由于改用重型枪管而增加的重量，而且在新设计中枪管的前部也不需要护木支撑。

俄罗斯 SVD 狙击步枪

SVD 是由德拉贡诺夫研发的一款狙击步枪，有多种衍生型号，其设计理念被多个国家所效仿。

▶ 性能解析

通常狙击手的任务是进行渗透、侦察、狙击、以及反器材 / 物资作战。但是俄军的狙击手不同，他们主要是随同大部队进行支援任务。因此限制了 SVD 狙击步枪作战范围，使得该枪的有效射程仅为 800 米。不过即便是这样，SVD 狙击步枪的设计优点仍值得后来的狙击步枪借鉴。

基本参数	
制造商	Izhmash 公司
生产年限	1963 年至今
口径	7.62 毫米
全长	1 225 毫米
枪管长	620 毫米
重量	4.3 千克
有效射程	800 米
枪口初速	800~830 米 / 秒
弹容量	10 发

▶ 装备特点

SVD 狙击步枪在 1000 米以上的距离也足以致命，但此枪并不是出于对超高精度的要求而制造的。SVD 狙击步枪使用标准弹药时，此枪的有效射程约为600 米，在此距离上精度为 2 角分。射程和准确度可通过使用特殊弹药而得到改善。此枪的精确度问题主要是由半自动动作导致的枪管震动造成的，使其远距离的精度降低。值得一提的是，相对于枪的体积来说此枪的操控性良好，而且非常耐用。导气装置和枪膛均镀铬，具有良好的耐蚀性且易于清洁。

俄罗斯 VSK-94 狙击步枪

VSK-94 狙击步枪是俄罗斯设计制造的轻型微声狙击步枪，其尺寸小巧，深受俄罗斯陆军侦察部队和反恐小分队欢迎。

▌▌▌⋆ 性能解析

VSK-94 狙击步枪的机匣采用低成本的金属冲压方式生产，以减少生产成本、所需的金属原料和生产所需的时间，且更容易进行维护及维修。VSK-94 狙击步枪的枪托由塑料制成，可以更换，与小握把是一个整体，在底托上有橡胶垫，可以增强射击时的舒适性。

▌▌▌⋆ 装备特点

VSK-94 狙击步枪发射 9×39 毫米步枪弹，能对 400 米距离内的目标发动突袭。VSK-94 狙击步枪可以安装高效消音器，以便在射击时减小噪声，还能完全消除枪口焰，大大提高射手的隐蔽性和攻击的突然性。该枪采用标准的 PSO 瞄准镜，瞄具上增加了一些瞄准分划和 400 米内测距线，刻度合理，用以瞄准发射各种 9×39 毫米步枪弹，确保有良好的精度。

基本参数	
制造商	联邦仪器设计局
口径	9 毫米
全长	932 毫米
枪管长	230 毫米
重量	2.8 千克
弹容量	20 发
枪口初速	270 米 / 秒
射速	700 发 / 分
有效射程	400 米

俄罗斯 VKS 狙击步枪

VKS 狙击步枪是俄罗斯设计制造的重型无托微声狙击步枪（反器材步枪），发射 12.7×54 毫米亚音速步枪弹。

性能解析

VKS 狙击步枪采用无托结构，将枪机等主要部件放在手枪握把的背后，从而缩短了总长度而不缩短枪管长度，适合在城市反恐作战中使用。与手动步枪一样，VKS 狙击步枪需要以手动方式完成上膛和退膛动作。不过，VKS 狙击步枪使用的手动枪机并非旋转后拉式枪机，而是采用了并不常见的直拉式枪机。虽然这种设计早已不常见，而且结构复杂和可靠性差，但其好处是枪机操作比其他的传统型手动枪机有更快的操作速度，熟练的射手可以使其射击速度不输于一支半自动步枪。

基本参数	
制造商	联邦仪器设计局
口径	12.7 毫米
全长	1 125 毫米
枪管长	450 毫米
重量	5 千克
弹容量	5 发
枪口初速	300 米 / 秒
有效射程	600 米

装备特点

VKS 狙击步枪使用聚合物材料制作而成的弹匣，这在俄罗斯狙击步枪中是比较少见的。弹匣容量为 5 发，采用单排式弹匣设计结构保证了其供弹的可靠性。

德国 R93 战术型狙击步枪

R93 是一种由德国布拉塞尔公司研制的战术型狙击步枪，曾在多部影片中出现，如《致命摇篮》《尖峰时刻 3》《蝙蝠侠：黑暗骑士》等。

性能解析

R93 战术型狙击步枪可通过更换枪管的方式发射 5.56 毫米、5.59 毫米、6 毫米、6.5 毫米、7.62 毫米、8.59 毫米等多种口径的子弹。其瞄准具可通过皮卡汀尼战术导轨安装在枪管上。当拆除枪身底部所接驳的六角螺丝时，枪管和瞄准具可从枪身中拆除。这种设计的优点是分解后变得更紧凑、更方便携带，并且可以在 30 秒内轻易地重新组装。

基本参数	
制造商	布拉塞尔公司
生产年限	1993 年至今
口径	8.59 毫米（最大）
全长	1 050 毫米
枪管长	600 毫米
重量	5.4 千克
有效射程	800 米
枪口初速	950 米/秒
弹容量	4/5/10 发

装备特点

R93 狙击步枪是 R93 系列猎枪的战术型，是 SIG 公司代理的一种产品。R93 是一种相当优秀的单动猎枪，并有多种型号，而 R93 Tactical 是以其聚合物材种枪身型号 LRS-2 改进的，适合军用或警用狙击步枪。

德国 PSG-1 狙击步枪

PSG-1 是世界上射击最精准的狙击步枪之一，由 HK 公司研制。该枪的特点是射击精准度高、威力大，主要为德国警察部队和特种部队所使用。

性能解析

极高的射击精准度，使得 PSG-1 受到广泛赞誉。此外，PSG-1 狙击步枪的人机工效设计也比较优秀，如扳机护圈比较宽大，射手可以戴手套进行射击；重心位于枪的中心位置，全枪稳定性较好等。而且该枪大量使用高技术材料，并采用模块化结构。

装备特点

HK 公司在 G3 步枪的基础上开发出专门的狙击步枪 PSG-1。不过 PSG-1 也是狙击步枪中最贵的，单价约 10 000 美元，加上 2 年后备零件和售后服务

基本参数	
制造商	HK 公司
口径	7.62 毫米
全长	1 200 毫米
枪宽	59 毫米
枪高	258 毫米
枪管长	650 毫米
重量	8.1 千克
有效射程	1 000 米
枪口初速	868 米 / 秒
弹容量	5/ 20 发

合同，买得起的用户不多。PSG-1 的基本结构与 G3 相同，因为使用了加厚的重型枪管，所以全枪重量比较大，这也是 PSG-1 的弱点。

美国 TAC-50 狙击步枪

TAC-50 是一种军队及执法部门使用的狙击武器，由美国麦克米兰公司研制。

 性能解析

12.7×99 毫米 NATO 枪弹是 TAC-50 狙击步枪的主要弹种。这种子弹其长度有数十厘米，威力超乎想象。通常狙击手用它来对付敌军装甲车辆和直升机。该枪的射程更是不容小觑。2002 年，罗布·福尔隆用手中的 TAC-50 狙击步枪创下了2430 米的狙杀纪录。

基本参数	
制造商	麦克米兰公司
生产年限	1980 年至今
口径	12.7 毫米
全长	1 448 毫米
枪管长	736 毫米
重量	11.8 千克
有效射程	2 000 米
枪口初速	850 米 / 秒
弹容量	5 发

Tips：MOA(Minute of Angle) 是一个角度单位，用于表示射击精确度，1MOA 即为 1/ 60 度。据称狙击步枪的 MOA 值是在指定距离上以 50 发冷枪管发射的枪弹在靶上形成的圆周进行测试的。

 装备特点

TAC-50 是加拿大军队在 2000 年 4 月采用的"长距离狙击武器"。TAC-50 外表有凹槽的比赛级的优质枪管，配合使用优质的弹药，这在 .50BMG 口径步枪中是相当高的。

德国 DSR-1 狙击步枪

DSR-1 是由德国 DSR- 精密公司研制的紧凑型无托狙击步枪，目前已被德国特种部队以及其他欧洲特种警察部队和机构所采用。

性能解析

DSR-1 狙击步枪大量采用诸如铝合金、钛合金和高强度玻璃纤维复合材料等高科技材料。这既减轻了全枪重量，又保证了武器的坚固性和可靠性。该枪是一种旋转后拉式狙击步枪，因拉机柄的位置太靠后，会造成拉动枪机的动作幅度较大和用时较长。

装备特点

DSR-1 狙击步枪系统是一把并非由猎用步枪或标准军用步枪修改而成的专业狙击步枪。它的枪机是平台射手比赛等级，而能够增加散热效果及减轻重量的自由浮动式凹槽枪管以 3 根螺丝固定在机匣上，可快速更换以转换口径或抛弃损坏的枪管。在 2003 年 10 月德国枪械杂志 Visier 上的一篇关于 DSR-1 的报道文章提及使用 DSR-1 的原厂生产的弹药进行射击测试，暗示其具有不小的精度潜力。

基本参数	
制造商	DSR- 精密公司
生产年限	2000 年至今
口径	7.62 毫米
全长	990 毫米
枪管长	650 毫米
重量	5.9 千克
有效射程	800~1 500 米
枪口初速	340 米 / 秒
弹容量	4 /5 发

美国 AR-50 狙击步枪

AR-50 是由美国阿玛莱特公司研制及生产的单发旋转后拉式枪机重型狙击步枪，发射 12.7×99 毫米北约步枪子弹，是著名的反器材狙击步枪之一。

性能解析

AR-50 狙击步枪的威力惊人，但美中不足的是，它的弹容量仅为 1 发。这对于狙击手来说，使用时有所不便。弹容量的多少直接影响着狙击手连续射击的次数。对于只有 1 发子弹的 AR-50 狙击步枪，甚至无法做到"补射"。

装备特点

虽然 AR-50 是一支精度很高的大口径步枪，但在 1999 年后，巴雷特 M82 系列的 .50 口径将

基本参数	
制造商	阿玛莱特公司
生产年限	1999 年至今
口径	12.7 毫米
全长	1 511 毫米
枪管长	787.4 毫米
重量	16.33 千克
有效射程	1 800 米
枪口初速	850 米 / 秒
弹容量	1 发

AR-50 的地位取代，因为它在战斗期间远比 AR-50 有效。只有 1 发子弹的 AR-50 的缺点就是无法于短时间攻击多个目标，但巴雷特 M82 系列却可以。而且 AR-50 的重量太大。目前 AR-50 只是给民用的射手所使用。AR-50 生产目的是占领低端市场，其销售价格较同类型武器下降约 50%。

美国 XM109 狙击步枪

　　XM109 是美国巴雷特公司制造的一种大口径狙击步枪，主要执行远距离狙击任务，其威力非常惊人，具有攻击轻型装甲车辆的能力。

▶ 性能解析

　　XM109 狙击步枪使用的 25 毫米大口径子弹至少能够穿透 50 毫米厚的装甲钢板，可以轻松地摧毁包括轻装甲车辆和停止的飞机在内的各种敌方轻型装甲目标。该枪具有射程超远、口径巨大，威力惊人的特点，称它为"狙击炮"也不为过。

▶ 装备特点

　　与其他口径的狙击步枪相比，XM109 最大的不同是其 25 毫米口径。这种大口径具有两大优势。一是对装甲车辆、雷达、弹药堆放场、飞机等轻型目标有极强的破坏效果。二是有效射程是普通狙击步枪的 2 倍以上，能对 2500 米以外的目标进行射击，具有较高的精度。该枪也凭借其超大的口径和巨大的威力赢得了"狙击步枪之王"的称号。狙击手可以凭借 XM109 狙击步枪在作战中给敌人以强大的心理威慑，似乎被称作"肩射炮"反倒是更为贴切了。这是其他口径的狙击步枪所无法比拟的。

基本参数	
制造商	巴雷特公司
生产年限	2004—2006 年
口径	25 毫米
全长	1 168 毫米
枪管长	447 毫米
重量	20.9 千克
有效射程	2 000 米
枪口初速	425 米 / 秒
弹容量	5 发

俄罗斯 SV-98 狙击步枪

SV-98 狙击步枪的主要特点就是射击精准度高，专供特种部队、反恐部队及执法机构在反恐行动、小规模冲突、抓捕要犯、解救人质等行动中使用。

▌▌▌◆ 性能解析

SV-98 狙击步枪能以极高的射击精准度和火力在白天或低照度条件下进行 1 000 米（夜间降为 500 米）以内的有生目标的狙杀，其射击精准度远不是发射同种枪弹 SVD 系列狙击步枪能相比的，甚至不逊于以高精度闻名的奥地利 TPG-1 狙击步枪。

▌▌▌◆ 装备特点

以运动步枪为基础发展而来的 SV-98 狙击步枪，其结构设计处处着眼于狙击战术对高精度的要

基本参数	
制造商	伊茨玛希工厂
生产年限	1998 年至今
口径	7.62 毫米
全长	1 200 毫米
枪管长	650 毫米
重量	5.8 千克
有效射程	1 000 米
枪口初速	820 米 / 秒
弹容量	10 发

求：采用非自动发射方式，消除枪机或枪管的运动对射击精度产生的不利影响；较重的全枪质量有利于减小跳动、提高射击稳定性；长度和高度可调的枪托抵肩板和高度可调的贴腮板，尊重射手的个体需求差异，使射击更舒适；多档可调的脚架和枪托架，便于适应不同地形需要稳定架枪；可拆卸的膛口消声器，既能减小膛口暴露源，又能有效减小后坐，而防反光带和膛口消声器上的遮板，在狙击使用中的意义也很大，降低了被敌人发现的概率。美中不足的是使用寿命较短，保养也较为烦琐。

美国 M110 狙击步枪

M110 是美国奈特军械公司推出的 7.62 毫米狙击步枪，曾被评为"2007 年美国陆军十大发明"之一。

性能解析

M110 狙击步枪在特殊情况下可以更换一些配件，使其成为一种突击步枪。这个特性足以为 2 人狙击组提供有效的火力，以便在被敌方发现时可以安全撤退。通常，M110 狙击步枪附带 Leupold 3.5-10 倍瞄准镜、便携式枪袋、Harris 可拆式两脚架、AN/ PVS-14 夜视镜、快拆式消声器和数个 20 发弹匣等。

基本参数	
制造商	奈特军械公司
生产年限	2007 年至今
口径	7.62 毫米
全长	1 029 毫米
枪管长	508 毫米
重量	6.91 千克
有效射程	1 000 米
枪口初速	783 米 / 秒
弹容量	20 发

装备特点

M110 狙击步枪自 2007 年开始服役以来，服役过程中的确没有获得一致好评，甚至不时从战场上传回一些负面声音。例如，M110 的可靠性就遭到非议，据称除了沿袭 M16 系列武器导气管式导气方式的固有弱点外，M110 在装上消音器后更容易产生气孔堵塞而造成故障，一些资深狙击高手不客气地公开表示："我宁可靠自己的手来退壳、上膛""导气式武器终究比较容易产生故障"。但相对于非自动狙击，M110 半自动时间间隔短。这可以减小对手躲避逃跑的机会。狙击手虽是百发百中的高手，但也有失手时候。具备近距离精确射击，能远距离有效压制敌人，M110 则可满足这些需求。

美国 M200 狙击步枪

M200 是由美国夏伊战术公司生产的一款狙击步枪，主要用途是阻截远距离的软目标，射程远超现代大部分同类武器。

性能解析

M200 狙击步枪能够在 2286 米的远距离打出小于 1 MOA 的精度，极高的射击精准度备受狙击手喜爱。该枪曾在美国爱达荷州赢得最佳远程射击群组的世界纪录，在 2 122.32 米远的地方射击 3 发子弹，弹着点距离靶心最近为 42.2 厘米。

装备特点

M200 狙击步枪有多种衍生型，不同衍生型的主要性能差异，都是由枪管长度来决定枪口初速。枪口初速越高的话，就会增加步枪的有效射程，其余一切相同。此外，M200 标准型和 M200 卡宾枪型皆具有可拆卸弹匣供弹和伸缩枪托的设计，而其他的衍生型都采用了玻璃纤维强化塑胶固定式麦克米兰枪托的设计。

基本参数	
制造商	夏伊战术公司
生产年限	2001 年至今
口径	10.36 毫米 /9.53 毫米
全长	1 346.2 毫米
枪管长	736.6 毫米
重量	14.06 千克
有效射程	2 000 米
枪口初速	993 米 / 秒
弹容量	7 发

美国 XM2010 狙击步枪

XM2010 是由美国雷明顿公司研制的一款狙击步枪，是在 M24 狙击步枪的基础上发展而来的，威力和有效射程有大幅度提高。

性能解析

虽说 XM2010 狙击步枪是 M24 的升级加强版，但其枪管、弹匣等众多部件都是新型设计，而且还加入了枪口制退器、消声器，甚至更新了光学狙击镜、夜视镜以配合新口径的弹道特性。另外还更换了新型枪托，特别是要带有皮卡汀尼导轨，便于安装多种附件。唯一与 M24 相同的是机匣部分，所以 XM2010 其实可以算是一款全新的狙击步枪。

装备特点

据报道，在"士兵计划执行办公室"和生产企业的合作下，XM2010 狙击步枪项目进展飞快，仅用了不到 1 年时间就彻底成熟。美国陆军狙击手学校的教员称："XM2010 的射击精度很高。无论是在白天，还是在低能见度条件下，我们都能使用它，枪上的光学瞄准镜很清楚，人机效应很好。"

基本参数	
制造商	雷明顿公司
制造数量	约 3850 支
生产年限	2010 年至今
口径	7.62 毫米
全长	1 181 毫米
枪管长	559 毫米
重量	26.68 千克
有效射程	1 200 米
枪口初速	869 米 / 秒
弹容量	5 发

法国 PGM Hecate II 狙击步枪

PGM Hecate II 狙击步枪由法国 PGM 精密公司生产，是该公司生产数量最多的武器之一，又称 FR-12.7 狙击步枪。

性能解析

PGM Hecate II 的机匣（铝合金材质）为模块结构，更换枪管就可发射弹底直径相同而口径不同的枪弹，如 7.62×51 毫米北约弹、7.62 毫米"萨维奇"弹等。此外，在下护木和枪管之间有一段 10 毫米的距离，使枪管在射击时可以浮动，并且可以快速换上带消音器的枪管。

基本参数	
制造商	PGM 精密公司
生产年限	1993 至今
口径	12.7 毫米（最大）
全长	1 380 毫米
枪管长	700 毫米
重量	13.8 千克
有效射程	1 800 米
枪口初速	825 米/秒
弹容量	7 发

装备特点

PGM Hecate II 有着与其他 PGM 系列步枪类似的金属骨架，并比先前的型号显得更笨重。该枪具有可调式的前两脚架以及后脚架，以为射手提供最高的精确度。其枪管有着一对很深的凹槽以利于散热和减低重量。它亦具有 1 个高效的枪口制退器以用作降低后坐力。其枪托为可调式设计。PGM Hecate II 是一种专为军事用途而设计的狙击步枪，它一般被用于完成精确射击、反狙击、远距离完成炸药排除、以特殊弹药完成排雷等任务。

美国 MSR 狙击步枪

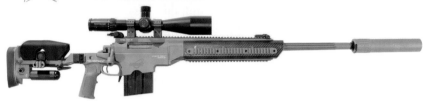

MSR 是由美国雷明顿公司所研制、生产及销售的一款狙击步枪，有多种口径。

性能解析

MSR 狙击步枪采用了全新设计的旋转后拉式枪机和机匣，取代了雷明顿公司著名产品雷明顿 700 步枪系列所采用的双大型锁耳型毛瑟式枪机和圆形机匣。该枪枪管的外表面有纵向长型凹槽，既能够减轻重量也能够增加刚性，而且提高了散热效率,枪管精度寿命估计大于 2 500 发。此外，MSR 狙击步枪的枪口上还安装有消焰/制动器，可减少后坐力、阻止枪口上扬、降低枪口火焰等。

基本参数	
制造商	雷明顿公司
生产年限	2009 年至今
口径	7.62 毫米 /8.59 毫米
全长	1 168 毫米（枪托展开）
枪管长	508 毫米
重量	7.71 千克
有效射程	1 500 米
弹容量	5/ 7/ 10 发
枪机种类	旋转后拉式枪机

装备特点

MSR 狙击步枪的安全性符合美国 SAAMI 或欧洲 CIP 标准。动作方式可以是手动操作，可能是导气式半自动，左、右手都能操作。平均故障率（MRBF)为 1000 发出现 1 次。2013 年 3 月 8 日，雷明顿宣布其 MSR 在精密狙击步枪竞标中击败了其他竞标样枪胜出。他们将被授予一份在未来 10 年交付 5150 支步枪连消声器，连同 4 696 800 发子弹，价值合计 79 700 000 美元的合同。

美国 SR-25 狙击步枪

SR-25 是奈特公司研发制造的一种半自动狙击步枪。

性能解析

为使 SR-25 的精度能够达到狙击步枪的水准，奈特公司经过多番比较，最终选择了雷明顿公司制造的 5R 重型枪管。除了 SR-25 之外，M24 也使用这种长 610 毫米的枪管。SR-25 的枪管采用浮置式安装，枪管只与上机匣连接，两脚架安在枪管套筒上，枪管套筒不接触枪管。SR-25 没有机械瞄具，所有型号都有皮卡汀尼导轨用来安装各种型号的瞄准镜或者带有机械瞄具的 M16A4 提把 (准星在导轨前面)。

基本参数	
制造商	奈特公司
口径	7.62 毫米
全长	1 118 毫米
枪管长	610 毫米
重量	4.88 千克
弹容量	5/ 10/ 20 发
枪口初速	853 米 / 秒
有效射程	600 米

装备特点

虽然 SR-25 是民用产品，但这支发射 .308 温彻斯特比赛步枪弹的步枪完全符合军用狙击步枪的要求，而且 SR-25 的野外分解、维护比 AR-15/ M16 更方便，勤务性能比 M16 还好。目前美军部分特种部队已经装备 SR-25，包括海豹突击队。据称海豹突击队在索马里也曾使用过 SR-25。

奥地利/德国 TPG-1 狙击步枪

TPG-1 是奥地利尤尼科·阿尔皮纳公司设计的一款狙击步枪，其特点除了多种口径及模块化之外，高度战术应用也是该枪的独特之处。

性能解析

虽然 TPG-1 的外观设计特别，给人一种粗犷豪放带有结实耐用的印象，但非常符合人体工学特征。整个枪机、上机匣组件安装在 1 个铝制的下机匣上（机匣由 2 种材料复合制成，目的是保证强度的同时减轻重量）。下机匣还有一个功能就是连接可拆的护木和枪托。枪托是聚合物制成的，并且是可调式的。此外，TPG-1 由 1 个可拆卸式金属弹匣从下机匣弹匣口供弹，也可以封锁其枪身上的弹匣插槽，使其成为最受专业人士欢迎的单发装填式狙击步枪。

基本参数	
制造商	尤尼科·阿尔皮纳公司
口径	8.59 毫米
全长	1 230 毫米
枪管长	650 毫米
重量	6.2 千克
有效射程	1 500 米
弹容量	5 发

装备特点

TPG-1 除了极高的精度，最大的特点就是模块化。该枪的主要用户还是特种部队和执法单位（主要指特警）。这把枪的知名度并不是很高，在美国的庞大民间枪械市场也未见其身影。不过在欧洲则是以跻身世界前列的高性能运动步枪闻名。许多参加世界级狙击手竞赛的选手都选用了这支枪。如果使用比赛专用弹，可以打出 0.25~0.5MOA 的精度。

德国 SP66 狙击步枪

SP66 是德国毛瑟公司生产的一款狙击步枪，主要供军队狙击手和执法部门精准射手使用。

性能解析

SP66 型系列步枪是毛瑟公司最著名的武器之一，有多种型号，包括枪管长 600 毫米的基本型、枪管长 530 毫米的 66ST 型、发射大威力马格努姆弹的 66S 型和 66SM 型，以及用于射击比赛的 66D 型和 66SD 型等。SP66 狙击步枪采用传统的毛瑟 98 式枪机。拉机柄在枪机前部、闭锁突笋的后方，与一般狙击步枪相比，枪机行程缩短了 90 毫米。

这样，可以增加枪管长度而不增加全枪长度。由于枪身缩短，全枪重量有所减小。枪身后部凸出零件少，打开枪机时射手无须偏头瞄准。枪机开锁时，机体向后伸出量小，不影响射手瞄准。枪管为重型，枪口装有消焰 / 制动器。供弹装置为整体式弹仓，但必须从上面压弹，而且只能装 3 发，枪膛内还可以预装 1 发。

基本参数	
制造商	毛瑟公司
口径	7.62 毫米
全长	1 120 毫米
枪管长	600 毫米
重量	6.12 千克
有效射程	800 米
枪口初速	850 米 / 秒
弹容量	4 发

装备特点

SP66 是单发装填狙击步枪，外形非常像运动步枪，除德国军队和警察装备外，还有 10 多个国家装备该枪。

瑞士 B&T APR 狙击步枪

B&T APR 是由瑞士布鲁加－托梅公司 (B&T) 研制的一款狙击步枪，有 APR308 和 APR338 两种型号。

性能解析

B&T APR 狙击步枪采用模块化设计，其核心是 1 个作为主枪身和底盘部分的金属切削加工制造的下机匣，一个将所有其他的步枪元件组装或连接在一起的元件。可以灵巧地把手动操作的保险装在下机匣的手枪握把附近。其底盘与上机匣连接在一起，将枪机组件和枪管，以及击发控制组件、折叠式枪托和其他设备都组装在一起。

基本参数	
制造商	布鲁加－托梅公司
生产年限	2005 年至今
口径	7.62 毫米
全长	1 214 毫米
枪管长	610 毫米
重量	7.01 千克
有效射程	1 000 米
枪口初速	650 米 / 秒
弹容量	10 发

装备特点

B&T APR 是一个专门设计的模块化狙击步枪系统，而不是现有的通用步枪的提高精度化版本。根据生产商所言，尽管 APR 系统是 1 支准度精密的步枪，它仍然能够在军事用途上抵抗恶劣环境，并保持着在典型的操作环境下的功能。

法国 FR-F1 狙击步枪

FR-F1 是法国军队的制式狙击步枪之一，由法国圣 – 艾蒂安公司 (MAS) 研制，主要作为步兵分队的中远程狙击武器，打击重点目标。

性能解析

FR-F1 狙击步枪沿用了 MAS 36 手动步枪的部分零件和机构，如击针、击针簧、抽壳钩、击发阻铁、阻铁簧等。该枪可配用瞄准镜，也可配用机械照门。由于该枪重量较轻，采用自由浮动式枪管，并有效地加装了枪口制退器和稳定装置，因此使枪管振动大大减小。

装备特点

FR-F1 狙击步枪枪托用胡桃木制成，其底部有硬橡胶托底板。根据射手的需要，枪托上可以装贴腮板。高度可调的折叠式两脚架固定在护木下方后部。FR-F1 式狙击步枪使用 4 倍放大率的 53 式瞄准镜和普通机械瞄准具。机械瞄准具由带发光点的平头棱锥形准星和缺口式照门组成。使用光学瞄准镜时，将机械瞄准具向下折叠。另外，还备有像增强夜视瞄准具。

基本参数	
制造商	圣 – 艾蒂安公司
生产年限	1965—1989 年
口径	7.5 毫米
全长	1 200 毫米
枪管长	650 毫米
重量	5.2 千克
有效射程	800 米
枪口初速	780 米 / 秒
弹容量	10 发

奥地利 SSG 69 狙击步枪

　　SSG 69 是由奥地利斯泰尔－曼利夏公司研制的一款狙击步枪，目前是奥地利陆军的制式狙击武器，同时也被不少执法机关所采用。

性能解析

　　SSG 69 狙击步枪枪管采用冷锻加工方法制造。枪托用合成材料制成，托底板后面的缓冲垫可以拆卸，因此枪托长度可以调整。

　　供弹具为曼利夏运动步枪和军用步枪使用多年的旋转式弹仓，可装弹 5 发。SSG 69 采用卡勒斯 ZF69 瞄准镜，也可采用红外夜视瞄准具。ZF69 瞄准镜用杠杆式夹圈固定在机匣纵向筋上，其放大率为 6 倍，分划 800 米。另外，该枪还配有普通机械瞄准具，供紧急情况下使用。

基本参数	
制造商	斯泰尔－曼利夏公司
生产年限	1969 年至今
口径	7.62 毫米
全长	1 140 毫米
枪管长	650 毫米
重量	3.9 千克
有效射程	800 米
枪口初速	860 米 / 秒
弹容量	5 发

装备特点

　　奥地利军方和警察大量使用的 SSG 69 狙击枪就是一种被所有优秀战士青睐的远程武器。由于它经常涂有绿色伪装，有些人更称 SSG 69 为"绿枪"。SSG 69 拥有致命的精度，许多执法机构的射手把它形容为"装在牛车上的精确制导武器"。有许多不谙射击技术的人尝试用该枪完成如下任务：400 米距离上击中头靶，600 米距离上击中胸靶，800 米距离对运动靶的命中率不少于 80%，居然大部分过关，SSG 69 的准确性几乎已经变成了传奇故事。

美国 MK12 特种用途狙击步枪

　　MK12 是美国阿玛莱特公司生产的一种特种用途狙击步枪，主要用于较近距离内的狙杀。目前，已被美国陆军、海军和海军陆战队的特种部队在"持久自由行动"和"伊拉克自由行动"中使用。

性能解析

　　MK12 大量采用了高技术材料，如铝合金、钛合金、高强度玻璃纤维复合材料，既减轻了重量，又保证了武器的坚固性和可靠性。采用模块化结构，各部件的组合非常合理。人机工效设计出色，即使小部件也考虑得很到位。由于配用专用的狙击弹，因此精度比 M16A2 高得多。

基本参数	
制造商	阿玛莱特公司
生产年限	2002 年至今
口径	5.56 毫米
全长	952.5 毫米
枪管长	457.2 毫米
重量	4.5 千克
有效射程	550 米
弹容量	20/30 发

装备特点

　　MK12 主要用于近距离战斗中的支援武器。由于配用专门的狙击弹，因此精度比 20 英寸枪管的 M16A2 高得多。装弹 20 发，可连发，一般作为第一狙击手的支援武器。MK12 有很多不同型号，主要区别是护木不同，可以配装的战术配件不同。

比利时 FN "弩炮" 狙击步枪

　　FN "弩炮" 是比利时 FN 公司研发生产的一款狙击步枪，设计理念源于奥地利 TPG–1 狙击步枪。

性能解析

　　FN "弩炮" 采用模块化设计，有 2 种口径枪型。3 种枪型的枪管等部件可以使用工具进行快速更换，而且可以在 2 分钟以内更换完毕。不同口径枪管分为标准型和加长型 2 种长度。该枪全身外表涂装均为沙色，作战时可以起到一定的隐蔽效果，尤其是在沙地。该枪没有内置机械瞄具，必须利用其机匣顶部所设有的 1 条全长式皮卡汀尼 战术导轨安装各种战术附件。

基本参数	
制造商	FN 公司
口径	7.62 毫米 /8.58 毫米
全长	730 毫米
枪管长	610 毫米
重量	6.8 千克
有效射程	1 800 米
枪口初速	915 米 / 秒
弹容量	5/ 8/ 10 发

装备特点

　　"弩炮" 狙击步枪使用精密不锈钢制造的比赛等级自由浮置式锤锻式凹槽枪管。枪管外表面有条形散热凹槽，既能够减轻重量也增加了刚性，而且提高了散热效率。"弩炮" 狙击步枪的枪口上装了枪口制退器，可减少后坐力、枪口上扬和枪口焰。早期型 "弩炮" 狙击步枪的枪口制退器为 3 室式，目前推出版本才改用较长的 5 室式枪口制退器。枪口制退器上也可以安装消声器。

芬兰 Sako TRG-22 狙击步枪

Sako TRG-22 是由芬兰萨科公司研制的一款狙击步枪。目前，它已被近30 个国家的军队和执法单位所采用。

性能解析

Sako TRG-22 狙击步枪使用的枪管是自由浮置式重型铬钼枪管，并且会因为发射的子弹和膛室外形而有不同的长度、阴膛制造方法和膛线缠距上的改进。Sako TRG-22 的机匣顶部装有 1 条内置 1 个或多个回弹锁耳的一连串钻孔形状的 17毫米楔形导轨，以适应不同类型的光学狙击镜、夜视仪、热成像仪或光学电子瞄准镜。

Sako TRG-22 也装有折叠式机械瞄具，可以在紧急情况下使用。Sako TRG-22 可以使用一种非常灵活的折叠式枪托，射手可以根据个人偏好自行定制各种尺寸和形状。

基本参数	
制造商	萨科公司
生产年限	1989 年至今
口径	7.62 毫米
全长	1 150 毫米
枪管长	660 毫米
重量	4.9 千克
有效射程	800 米
枪口初速	700 米 / 秒
弹容量	10 发

装备特点

TRG-22 狙击步枪均采用 2 道火扳机，其扳机力可以在 10~25 牛顿调整，并且扳机行程、扳机在水平方向的前后位置和垂直方向的倾斜角度均可调节。当然，扳机位置的调整幅度有限。扳机上刻有安全槽，用于防止因调整过度导致扳机撞击到扳机护圈，影响射击。扳机护圈的下方设有方便调整的工具让位窗口。 除枪管采用新材料外，TRG-22 狙击步枪的枪托、下护手及握把组件采用聚亚氨酯注塑成型工艺成，其内衬由整体式铝合金框架制造，坚固耐用且不易变形。

俄罗斯 VSS 微声狙击步枪

VSS 是苏联研发的一种微声狙击步枪，于 20 世纪 80 年代投入使用，在车臣作战的俄罗斯特种部队经常使用这种武器，2004 年"别斯兰人质危机"中俄罗斯特种部队也有采用。

▶ 性能解析

AS 突击步枪与 VSS 微声狙击步枪都是以小型突击步枪的机匣为基础研制的，两者的结构原理完全一样。在外形上，两者的区别主要是枪托和握把的不同。VSS 微声狙击步枪取消了独立小握把，改为框架式的木质运动型枪托，枪托底部有橡胶底板。此外，两者的弹匣可以通用，但 VSS 微声狙击步枪的标准配备是 10 发弹匣。AS 突击步枪虽然也可以发射 SP-6 和 PAB-9 子弹，但主要是发射便宜的 SP-5 普通弹。VSS 也可以发射 SP-5 普通弹，但主要是发射 SP-6 穿甲弹。

基本参数	
制造商	中央精密机械 工程研究院
口径	9 毫米
全长	894 毫米
枪管长	200 毫米
重量	2.6 千克
有效射程	400 米
枪口初速	280~290 米 / 秒
供弹方式	弹匣
弹容量	10/ 20 发

▶ 装备特点

VSS 微声狙击步枪在打击车臣反政府武装分子的战斗中，赢得了俄罗斯特种队狙击手们的好评。无论是在山野密林里，还是在城区墙角处，俄罗斯狙击手们使用它都取得了"悄悄杀敌"的成功。和 AS 一样，这种步枪也是为特种部队而研制的，已经装备了俄罗斯的特种部队及执法机构的行动单位，而且在独联体各地的武装冲突中也得到了广泛的应用。

南非 NTW-20 狙击步枪

NTW-20 是南非丹尼尔集团生产的一款狙击步枪，是一种大口径反器材用途的狙击步枪。

性能解析

NTW-20 狙击步枪拥有 20 毫米和 14.5 毫米 2 种型号，并且能很容易地从一种型号转换到另一种型号，即将枪管、枪机、弹匣和瞄准镜等进行简单替换，在作战状态中大约不超过 1 分钟。一般情况下，NTW-20 由 2 人携带并操作，2 套手提箱中分别携带不同的套件，每套组件 12~15 千克，一套携带枪架、枪托、枪身和双脚架，另一套携带枪管、瞄准器和弹匣。

基本参数	
制造商	丹尼尔集团
口径	20毫米/14.5毫米
全长	2015 毫米
枪管长	1 000 毫米
重量	26 千克
有效射程	1 500 米
枪口初速	720 米 / 秒
弹容量	3 发

NTW-20 没有安装机械瞄准具，但装有具备视差调节功能的 8 倍放大瞄准镜。该枪机匣下设有折叠双脚架，机匣上 1 个手提把手和 1 个瞄准镜保护框架安装在枪匣上面。

装备特点

NTW-20 的两种型号所用弹药是不相同。20 毫米型号，采用二战德国 MG-151 型飞机机炮弹药，能递送出极高的精确度和高爆、破片或燃烧等不同弹种。

伊拉克 Tabuk 狙击步枪

　　Tabuk("塔布克")是伊拉克国家兵工厂生产的一种狙击步枪,是从 AK 系列突击步枪发展而来的。由于加长枪管后的外形颇似苏联的 RPK 轻机枪,因此很容易被误认为是 RPK 的伊拉克版,但实际上"塔布克"狙击步枪是没有两脚架的。

性能解析

　　"塔布克"狙击步枪可视为伊拉克自行研制的"混血"产品,它实际上就是 1 支加装了带制动器的长枪管、骨架式枪托和光学瞄具的半自动 AK-47。该枪发射的是 AK-47 的 7.62×39 毫米中间型枪弹,而非大多数狙击步枪使用的 7.62×54 毫米或 7.62×51 毫米枪弹。

基本参数	
制造商	伊拉克国家兵工厂
口径	7.62 毫米
全长	1 110 毫米
枪管长	600 毫米
重量	4.5 千克
有效射程	800 米
枪口初速	900 米 / 秒
弹容量	10/ 20 发

装备特点

　　伊拉克的"塔布克"系列武器都是苏联 AK 系列的仿制产品。其中"塔布克"7.62 毫米突击步枪即是 AKM7.62 毫米突击步枪的仿制品。不过它的前端和 AKM 有所不同,增加了可翻转的瞄具,枪托底部的外形有所不同并比其他的 AK 系列要长。

2.3 冲 锋 枪

德国 MP5 冲锋枪

MP5 冲锋枪的特点是火力猛、便于操作、可靠性强、命中精度高，目前它被多个国家的特种部队采用。

性能解析

MP5 采用了与 G3 自动步枪一样的半自由枪机和滚柱闭锁方式，当武器处于待击状 2 在机体复进到位前，闭锁楔铁的闭锁斜面将两个滚柱向外挤开，使之卡入枪管节套的闭锁槽内，枪机便闭锁住弹膛。射击后，在火药气体作用下，弹壳推动机头后退。一旦滚柱完全脱离卡槽，枪机的两部分就一起后坐，直到撞击抛壳装置时才将弹壳从枪右侧的抛壳窗抛出。

基本参数	
制造商	HK 公司
生产年限	1966 年至今
口径	9 毫米
全长	680 毫米
枪管长	225 毫米
重量	2.54 千克
射速	800 发 / 分
有效射程	200 米
枪口初速	375 米 / 秒
弹容量	15/ 30/ 100 发

装备特点

MP5 的性能优越，半自动、全自动射击精度高，其采用了与 G3 步枪一样的半自由枪机和滚柱闭锁方式，区别于当时大部分冲锋枪均采用的枪机自由后坐式以减少零部件，降低造价。由于该系列冲锋枪获多国的军队、保安部队、警队选择作为制式枪械使用，因此具有极高的知名度。

德国 HK MP7 冲锋枪

　　HK MP7 冲锋枪是德国 HK 公司于 20 世纪 90 年代末期研发的个人防卫武器，其使用者主要是警察、特警队及特种部队，如美国海军"海豹"六队便装备了 MP7A1 型。

▌▌▌▶ 性能解析

　　HK MP7 冲锋枪发射 4.6×30 毫米弹药，这种弹药有重量轻和后坐力低的优点，可提供足够的穿透力，有效射程也比 9 毫米弹药远，只是制止能力有所欠缺。HK MP7 冲锋枪可选择单发或全自动发射，弹匣释放按钮的设计与 HK USP 手枪相似，可选配 20 发容量短弹匣或 40 发容量长弹匣，也有 30 发容量弹匣。此外，为 HK MP7 特制的消声器不会降低其精确度、贯穿力及射速。射手只需用枪弹作为工具就可以完成 HK MP7 的大部分分解，较 HK MP5 冲锋枪及 HK UMP 冲锋枪容易。

基本参数	
制造商	HK 公司
口径	4.6 毫米
全长	638 毫米
枪管长	180 毫米
重量	1.2 千克
弹容量	40 发
枪口初速	735 米 / 秒
射速	950 发 / 分
有效射程	200 米

▌▌▌▶ 装备特点

　　HK MP7 冲锋枪的外形与手枪相似，射击时除了可将枪托拉出抵肩射击之外，经过训练的射手更可以手枪的使用方法来射击。由于枪身短小，所以也适用于室内近距离作战及要员保护。HK MP7 冲锋枪大量采用塑料作为枪身主要材料，瞄准方式则采用折叠式的准星照门，不过上机匣也装上了标准的 M1913 导轨，允许使用者自行加装各式瞄准装置。

德国 HK UMP 冲锋枪

HK UMP（Universal Machine Pistol，意为"通用冲锋枪"）是由德国 HK 公司于 1998 年推出的一款冲锋枪，可使用 11.43×23 毫米、10×22 毫米和 9×19 毫米等弹药。

性能解析

HK UMP 冲锋枪在设计时采用了 HK G36 突击步枪的一些概念，并大量采用塑料，不仅减轻了重量，也降低了价格，不过 HK UMP 冲锋枪仍保持了黑克勒 - 科赫公司一贯的优良性能和质量。试验证明，HK UMP 冲锋枪的可靠性很好，射击精度也相当高，尽管 11.43×23 毫米弹药的后坐力较大，但连发时的后坐力却相当低。总之，HK UMP 冲锋枪性能优秀，完全符合特种作战的要求。

基本参数	
制造商	HK 公司
口径	9 毫米
全长	450 毫米
枪管长	200 毫米
重量	2.3 千克
弹容量	30 发
枪口初速	285 米 / 秒
射速	600 发 / 分
有效射程	100 米

▚▚▚▚ ★ 装备特点

　　HK UMP 冲锋枪舍弃了 HK MP5 冲锋枪传统的半自由式枪机，改用自由式枪机，并使用闭锁式枪机，以确保射击精度，并安装了减速器，把射速控制在 600 发 / 分，不过在发射高压弹时，射速会提高到 700 发 / 分。枪托向右折叠后，抛出的弹壳从枪托中的孔中抛出，与 HK G36 突击步枪相似。HK UMP 冲锋枪的顶部、两侧及下侧都可以很方便地安装上 RIS 导轨，任何符合美国皮卡汀尼军用标准的辅助装置都可以安装在导轨上，如小握把、瞄准镜、战术灯、激光瞄准具等。

俄罗斯PP-2000冲锋枪

PP-2000冲锋枪是俄罗斯研制的一款9毫米冲锋枪，同时兼具冲锋手枪和个人防卫武器的特点，可发射多种9×19毫米鲁格弹。

性能解析

PP-2000冲锋枪是一种传统的后坐力操作的武器，适合进行高精度近距离射击。枪身由耐用的单块式聚合物所制造，可以减轻重量和提高耐腐蚀性，枪口可装消声器，机匣顶部的皮卡汀尼战术导轨可装红点镜或全息瞄准镜，快慢机可由大拇指直接操作，拉机柄可以左右转动。总的来说，PP-2000冲锋枪的设计十分紧凑，从而减小了体积和重量，对提高人机工效、美观度和准确性也有帮助。

装备特点

PP-2000冲锋枪的口径与西方国家流行的9×19毫米弹药通用，但主要是发射俄罗斯生产的7N21和7N31穿甲弹，显然是一种既照顾出口又考虑国内特种部队订单的武器。

基本参数	
制造商	联邦仪器设计局
口径	9毫米
全长	555毫米
枪管长	182毫米
重量	1.4千克
弹容量	20/44发
枪口初速	600米/秒
射速	800发/分
有效射程	100米

俄罗斯 PP-91 KEDR 冲锋枪

PP-91 KEDR 冲锋枪于 20 世纪 70 年代推出,但却在 90 年代才正式服役。目前,俄罗斯特种部队以及其他军种都在使用该枪。

性能解析

KEDR 非常紧凑,重量较轻,其射速是每分钟 1000 发。由于 PM 手枪弹很轻,它在持续射击时很容易控制,因此 KEDR 很适合在逐屋清除的室内行动中使用。

装备特点

PP-91 KEDR 冲锋枪以反冲作用及闭锁式枪机运作,这种设计比起使用开放式枪机的枪械有着更高的精确度。其供弹具为 20 发或 30 发容量的双排弹匣,枪上的可折式枪托可用作减低后坐力。PP-91 全枪均由冲压钢板制作而成。其快慢机位于机匣右边,并能够切换到半自动和全自动 2 种射击模式,在全自动模式时此枪会以约每分钟 800 发的理论射速进行射击。与许多现代冲锋枪一样,PP-91 也能够装上激光瞄准器和抑制器。

基本参数	
制造商	伊热夫斯克机器制造厂
服役时间	1990 年至今
口径	9 毫米
全长	530 毫米
枪管长	120 毫米
重量	1.57 千克
射速	1 000 发 / 分
有效射程	100 米
枪口初速	310 米 / 秒
弹容量	20/ 30 发

英国斯特林 L2A3 冲锋枪

L2A3 是英国斯特林军备公司生产的一种冲锋枪，其特点是结构简单，加工容易，弹匣容量大，火力持续性好。目前，英国几支特种部队都在使用。

性能解析

L2A3 冲锋枪大量采用冲压件，同时广泛采用铆接、焊接工艺，只有少量零件需要机加工，工艺性较好。该枪采用自由枪机式工作原理，开膛待击，前冲击发。使用侧向安装的 34 发双排双进弧形弹匣供弹，可选择单、连发发射方式。枪托为金属冲压的下折式枪托，有独立的小握把。瞄准装置采用觇孔式照门和 L 形翻转表尺，瞄准基线比较长。全枪可分为机匣组件、枪管组件、枪托组件、枪机组件、复进机组件、弹匣组件、发射机组件等部分。

基本参数	
制造商	斯特林军备公司
生产年限	1945 年至今
口径	9 毫米
全长	690 毫米
枪管长	198 毫米
重量	2.72 千克
射速	550 发 / 分
有效射程	410 米
枪口初速	390 米 / 秒
弹容量	34 发

装备特点

L2A3 冲锋枪以其更加简洁的设计，更加现代化的制造工艺，更高的可靠性和安全性博得了士兵的喜爱。生产一直持续到 20 世纪 80 年代后期，总产量达到 50 万支以上。该枪的主要缺点是采用左侧的水平弹匣供弹，使得该枪的径向尺寸增大携行不便，同时影响全枪的左右平衡性，并且会随着弹匣内枪弹的数量不同而随时有变化，这点需要射手较长时间的练习才能掌握。由此带来的另一个弊端，就是这种设计不适合左撇子射手使用，更换弹匣时会非常不便。

比利时 FN P90 冲锋枪

FN P90 是比利时 FN 公司生产的一种冲锋枪，主要用作个人防卫。

性能解析

FN P90 冲锋枪弹匣由半透明的塑料制成，为防止夜间反光，混入了着色材料，呈浅褐色。由于弹匣内的枪弹与枪管轴线垂直，因此弹匣入口部是圆柱形，内部有引导枪弹转向 90 度的螺旋槽。FN P90 的枪管重心靠近握把，有利于单手操作并灵活地改变指向。经过精心设计的抛弹口，可确保各种射击姿势下抛出的弹壳都不会影响射击。水平弹匣使得 P90 的高度大大减小，卧姿射击时可以尽量俯低。此外，P90 的野战分解非常容易，经简单训练就可在 15 秒内完成不完全分解，方便保养和维护。

基本参数	
制造商	FN 公司
制造数量	1.7 万支（2003 年）
生产年限	1990 年至今
口径	5.7 毫米
全长	500 毫米
枪管长	263 毫米
重量	2.54 千克
射速	900 发 / 分
有效射程	200 米
枪口初速	716 米 / 秒
弹容量	50 发

装备特点

FN P90 的发展目标是研制出一种符合北约提出对个人防卫武器的要求，也即美国的小火器主导计划、北约的 AC225 计划中要求的一种枪械。这种枪械要求适合射击技巧不高的驾驶员、后勤人员使用，即使训练不足也能有一定的射击效果，同时能穿透军用防弹装备，以应付敌方身穿防弹装备的前线部队。虽然有高命中精度、高制止力、低穿透性、小巧便携、易于保养、结构简单、后坐力低及高容量弹匣的优点，但 P90 的子弹威力比 9 毫米鲁格弹小，且单价高昂。

以色列 IMI 乌兹冲锋枪

乌兹冲锋枪是由以色列军事工业（IMI）生产的，其特点是结构简单，易于生产，目前已被世界上许多国家的军队、特种部队、警队和执法机构所采用。

性能解析

乌兹冲锋枪最突出的特点是和手枪类似的握把内藏弹匣设计，使射手在与敌人近战交火时能迅速更换弹匣（即使是黑暗环境），从而保持持续火力。不过，这个设计也影响了全枪的高度，导致卧姿射击时所需的空间更大。此外，在沙漠或风沙较大的地区作战时，射手必须经常分解清理乌兹冲锋枪，以避免射击时出现卡弹等情况。

基本参数	
制造商	以色列军事工业）
生产年限	1951 年至今
口径	9 毫米
全长	650 毫米
枪管长	260 毫米
重量	3.5 千克
射速	600 发 / 分
有效射程	120 米
枪口初速	400 米 / 秒
弹容量	20 / 32 / 40 / 50 发

装备特点

乌兹冲锋枪最令人津津乐道的是手枪握把式的弹匣插入口。虽然原创者是捷克，但却是乌兹将其发扬光大的。该枪结构紧凑，动作可靠，勤务性好，且造价低，现在的乌兹冲锋枪经常出现在游戏中，受到广大玩家的喜爱，它射速快枪身轻巧的特点弥补了它威力小的不足。

南非 BXP 冲锋枪

　　BXP 冲锋枪是由南非米切姆公司于 20 世纪 80 年代中期为南非警察和安全部队研制的，于 1988 年正式投产。

性能解析

　　BXP 冲锋枪的最大特点是配备有各式各样的枪口装置，包括消声器、隔热套、多种枪口补偿器和枪榴弹发射器，能用空包弹发射非致命的防暴弹药或军用的高爆榴弹。BXP 冲锋枪采用向下折叠的冲压钢制成的枪托。弹匣有 22 发和 32 发 2 种容量。标准的瞄具为开放式的，能配上其他辅助瞄准装置或激光指示器。

基本参数	
制造商	米切姆公司
生产年限	1988 年至今
口径	9 毫米
全长	607 毫米
枪管长	208 毫米
重量	2.5 千克
射速	1 000 发 / 分
有效射程	50~100 米
枪口初速	380 米 / 秒
弹容量	22/32 发

装备特点

　　BXP 冲锋枪与美国的英格拉姆 MAC-10 冲锋枪在结构和外形上都有很大程度的相似，但也有一些改进。BXP 有两手均能操作的保险开关。另外，如果在待击状态下关闭保险时，会卡住枪机使之不能复进。

捷克斯洛伐克 Vz.61 冲锋枪

Vz.61 冲锋枪由乌尔斯基·布罗德国营兵工厂生产，自 1961 年开始在军队服役，主要装备伞兵、特种部队、装甲车和直升机组成员和军官。

性能解析

Vz.61 虽然是冲锋枪，但其体积并不比一些手枪大多少，所以有时它可以充当冲锋手枪的角色，既可像冲锋枪那样双手抵肩连发射击，又可像手枪那样单手不抵肩单发射击。

装备特点

Vz.61 是既不属于冲锋枪，也不属于手枪的新概念武器。它具有像冲锋枪一样近距离战斗的压制能力，还有像手枪一样单手展开射击的轻便性。这两点决定了它在当时是全新形

基本参数	
制造商	乌尔斯基·布罗德国营兵工厂
制造数量	21 万支以上
生产年限	1959 年至今
口径	9 毫米
全长	517 毫米
枪管长	115 毫米
重量	1.3 千克
射速	850 发 / 分
有效射程	50~100 米
枪口初速	320 米 / 秒
弹容量	10/ 20 发

式的单兵自卫武器。与西方国家的 9 毫米（9×19 毫米枪弹）口径冲锋枪相比，使用 .32ACP 枪弹的 Vz.61 拥有更加小巧玲珑的外观；其次是它隐藏着惊人的攻击能力，而且其枪托在半折叠状态下，酷似于带有毒针的蝎子尾巴。正是由于采用了易于控制枪体的 7.65 毫米枪弹，Vz.61 在连射时的着弹点非常集中，密集的弹雨可给对方造成致命的一击。

意大利伯莱塔 M12 冲锋枪

M12 冲锋枪是由伯莱塔公司研发生产的，于 1961 年开始装备意大利军队，并出口到非洲等地区。

性能解析

M12 采用环包枪膛式设计，枪管内外经镀铬处理，长 200 毫米，其中 150 毫米是由枪机包覆，这种设计有助于缩短整体长度。M12 冲锋枪可以全自动和单发射击，后照门可设定瞄准距离为 100 米或 200 米。此外，M12 拥有手动扳机阻止装置，能自动令枪机停止在闭锁安全位置的按钮式枪机释放装置，以及必须在主握把下以中指完全按实的手动安全装置。

基本参数	
制造商	伯莱塔公司
生产年限	1959 年至今
口径	9 毫米
全长	660 毫米
枪管长	200 毫米
重量	3.48 千克
射速	550 发 / 分
有效射程	200 米
枪口初速	380 米 / 秒
弹容量	20/ 32/ 40 发

装备特点

伯莱塔 M12 结构紧凑、操作简单、性能可靠，但不知道是因为外形老土还是市场宣传不力，这同为第 3 代冲锋枪之中的优秀之作的名字被淹没在 MP5 和 UZI 的名气之中，远不如后两者那么声名显赫。虽然伯莱塔 M12 冲锋枪本身并没有独创的革命性设计，但出众的性能、低廉的价格与可靠的操作，在世界军火市场仍占一席之地。有些使用过此枪的人都赞扬它容易控制、自然指向性好。

2.4 机 枪

美国 M134 机枪

M134 重机枪于 1962 年研发，并在当年开始服役，主要装备于武装车辆、舰船以及各型飞机。由于该枪火力威猛、弹速密集，常常被戏称为"迷你炮"。

性能解析

M134 机枪采用回转联动装置，组件包括 6 根枪管、枪管夹持部件、枪管套管部件、1 台驱动电机、后部枪支架、保险部分、6 个枪机部件、6 个可移动的枪机轨道、套管盖和 2 个快速释放销。每根枪管都被固定安装在枪管夹具部件中，与枪机部件成一条直线，并在电机驱动下转动。该枪采用的是加特林机枪原理，用电动机带动 6 根枪管转动，在转动的过程中依次完成输弹入膛、闭锁、击发、退壳、抛壳等系列动作。其电机电源为 24~28V 直流电，工作电流 100A，启动电流为 300A。

基本参数	
制造商	通用电气公司
生产年限	1962 年至今
口径	7.62 毫米
全长	800 毫米
枪管长	559 毫米
重量	15.9 千克
射速	2 000 发 / 分
最大射程	1 000 米
枪口初速	869 米 / 秒
供弹方式	弹链

装备特点

M134 机枪射速极高，可靠性同样十分出色。由于使用外部电源驱动枪管转动，并完成供弹、击发、抽壳等动作，因此不受枪弹发火性能的影响，少数哑弹对其没有任何影响，可以不间断地持续射击，可靠性为 20 万发，最低寿命 150 万发。尤为可贵的是，如此凶猛的机枪却不比普通机枪重多少，只有 16 千克左右。

美国勃朗宁 M2 重机枪

　　M2 是由约翰·勃朗宁在一战后设计的重机枪，是美军轻武器中服役时间最长的一种，具有多种衍生型，直到 21 世纪在各国服役都有很好的评价。

性能解析

　　M2 采用单程输弹、双程进弹的供弹机构，拨弹杆尾端的导柱卡入枪机顶部的曲线槽内，当枪机做往复运动时，实现供弹动作。该枪发射 12.7×99 毫米 BMG 枪弹，包括普通弹、穿甲燃烧弹、穿甲弹、曳光弹、曳光穿甲弹、燃烧曳光穿甲弹、脱壳穿甲弹、硬心穿甲弹、训练弹等。此外，M2 的瞄准具是简单的片状准星和立框式表尺，准星和表尺都安置在机匣上。

装备特点

　　勃朗宁 M2 从 1933 年就开始使用，服役至今，并经历了二战、韩战、越战、海湾战争、2001 年阿富汗战争、伊拉克战争，可以说是极为成功的重机枪设计，也是美军轻武器中服役时间最长的一种。除了增加了快拆枪管以外，勃朗宁 M2 的原始设计几乎没做太大改动并具有多种衍生型。瑞典、英国、澳洲、韩国及日本获 FN 公司合法授权生产 M2。

基本参数	
制造数量	300 万支
生产年限	1933 年至今
口径	12.7 毫米
全长	1 650 毫米
枪管长	1 140 毫米
重量	38 千克（空枪）
射速	450~550 发 / 分
有效射程	1 830 米
枪口初速	930 米 / 秒
供弹方式	M9 弹链

美国 Mk 48 通用机枪

Mk 48 通用机枪是比利时国营赫尔斯塔公司（FN）于 21 世纪初期研制的通用机枪，利用 M13 弹链发射火力强大的 7.62×51 毫米北约标准步枪弹。

性能解析

由于 Mk 48 通用机枪主要供特种部队使用，为了提高战术性能，在机枪上装有 5 条战术导轨，能够安装各种枪支战术组件，包括各类瞄准镜和前握把等。Mk 48 通用机枪的两脚架连接在导气活塞筒上，为内置整体式，并有连接三脚架的配接器。该枪的枪托为固定聚合物枪托，也有一些型号的 Mk 48 通用机枪使用了伞兵型旋转伸缩式管形金属枪托。虽然 Mk 48 通用机枪比 5.56 毫米 M249 轻机枪要重，但是与同口径的 M240 通用机枪相比还是要轻上不少。

基本参数	
制造商	FN 公司
口径	7.62 毫米
全长	1 010 毫米
枪管长	502 毫米
重量	8.2 千克
弹容量	100/ 200 发
枪口初速	975 米/秒
射速	710 发/分
有效射程	800 米

装备特点

Mk 48 机枪装有提把，能够在不使用辅助设备的情况下快速更换枪管，这种设计对枪管容易因长时间射击而变热的机枪来说非常有用，能够提高机枪的使用效率。

美国 M60 通用机枪

　　M60 通用机枪从 20 世纪 50 年代末开始服役，目前仍是美军的主要步兵武器之一。

性能解析

　　M60 通用机枪采用气冷、导气和开放式枪机设计，采用 7.62×51 毫米的 M13 弹链供弹。在枪管上附加有两脚架，而且可以更换更加稳定的三脚架。M60 通用机枪的射程较远，有效射程可达 1100 米。瞄准装置采用的是可调式标尺型照门和固定式准星，后期型也可以通过导轨加装各类瞄准具。

装备特点

　　M60 通用机枪是最著名的机枪之一，除美军

基本参数	
制造商	萨科防务
生产年限	1957 年至今
口径	7.62 毫米
全长	1 077 毫米
枪管长	560 毫米
重量	12 千克（空枪）
射速	550 发 / 分
有效射程	1 100 米
枪口初速	853 米 / 秒
供弹方式	M13 弹链

装备外，还有澳大利亚、韩国等 30 多个国家军队使用它。为满足不同战斗部队需要，美国还研制了许多 M60 式变形枪，型号主要有 M60C 式、M60D 式、M60E1 式、M60E2 式、M60E3 式。其中的 M60E3 式是 20 世纪 80 年代应美国海军陆战队对轻机枪的要求改进的，已于 1985 年开始列装，现已装备 2 万多挺。在美军装备中 M60 式通用机枪后被 5.56 毫米 M249 机枪所替代。但在美军一些特种部队中，M60 系列机枪仍在使用。

美国 M249 轻机枪

M249 轻机枪（或 M249 班用自动武器）是美国以比利时 FN 公司的 FN Minimi 轻机枪为基础改进而成的。

性能解析

M249 机枪的重量轻，利于携行。该枪通常使用装有 200 发弹链的硬塑料弹箱供弹，可为步兵提供强大的火力支援。在紧急情况下，M249 机枪还能够使用 M4 卡宾枪和 M16 步枪弹匣。该枪在护木下配有可折叠式两脚架，并可以调整长度，也可以换用三脚架。

装备特点

M249 是一种小口径、高射速、轻巧的轻机枪。在 2007 年的国防工业发展协会中，美

基本参数	
制造商	FN 公司
生产年限	1984 年至今
口径	5.56 毫米
全长	1 041 毫米
枪管长	521 毫米
重量	7.5 千克（空枪）
射速	750~1 000 发/分
有效射程	1 000 米
枪口初速	915 米/秒
供弹方式	M27 弹链/STANAG 弹匣

国陆军第 17 步兵团第 1 营的艾尔·凯利上校介绍时把 M249 SAW 形容为"射程令人满意，且非常可靠"及"优秀的火力引导武器"，射速高可弥补杀伤力低的问题并指出如果用弹袋取代弹箱作供弹具将会更好。

俄罗斯 PK 通用机枪

PK 通用机枪是著名枪械设计师卡拉什尼科夫于 20 世纪 60 年代设计的，用于取代老旧的 RPD 和 SG-43 机枪。

性能解析

PK 通用机枪是由 AK-47 突击步枪改进而成的，这两种枪的气动系统和回转式枪机闭锁系统比较相似。但是改进型的 PKM 通用机枪的枪管较轻，而且没有凹槽。枪托底板上有翻转式的支肩板，比较容易区分。为了降低重量，PK 通用机枪的枪机容纳部采用了钢板压铸成形法制造，在枪托中央也进行了挖空处理，并在枪管外围刻上许多沟纹。这些减重措施的效果非常明显，该枪的重量仅为 9 千克，改进型的 PKM（1969 年）更是仅为 8.4 千克。

基本参数	
制造商	捷格加廖夫设计局
生产年限	1960 年至今
口径	7.62 毫米
全长	1 173 毫米
枪管长	658 毫米
重量	9 千克
射速	650 发 / 分
有效射程	1 000 米
枪口初速	825 米 / 秒
供弹方式	弹链

装备特点

PK 系列机枪有多种型号，可完成不同的功能。用两脚架当轻机枪的称为 PK，配轻型三脚架当重机枪的称为 PKS，在坦克上作为并列机枪的称为 PKT，在装甲输送车上的机枪称 PKB。冷战时期，PK 系列机枪广泛分布到世界各地，并在许多地区冲突中使用。PK 系列机枪也被许多俄罗斯以外的国家生产。

比利时 MAG 通用机枪

MAG 通用机枪把各种武器的结构特点有机地结合在一起，取得了设计上的成功，因而在某些方面比美国的 M60 通用机枪优越。尽管并不是现役最轻的中型通用机枪，但 MAG

的可靠性强且坚实耐用，还可以在北约成员国之间标准化。

▌▌▌▶ ★ 性能解析

MAG 可作轻、重机枪使用，战术用途广。该枪采用导气式工作原理、闭锁杆起落式闭锁机构。自动装置仿自美国勃朗宁 M1918 式自动步枪，闭锁杆起落式闭锁机构的闭锁部位有所改动。弹链供弹机构参考德国 MG42 通用机枪的双程供弹装置。平时配两脚架，需要时可以装在三脚架高射架上射击。

MAG 的机匣为长方形冲铆件，机匣与枪管节套用断隔螺连接，枪管可以迅速更换。采用排气式气体调节器，射速可在 650~1 000 发 /分的范围内调节。MAG 采用机械瞄准具。准星为片状，准星座装在横向的燕尾槽中。表尺为立框式，可折叠。

基本参数	
制造商	FN 公司
生产数量	15 万挺以上
生产年限	1958 年至今
口径	7.62 毫米
全长	1 225 毫米
枪管长	545 毫米
重量	10.85 千克
射速	650~1 000 发 / 分
有效射程	800 米
枪口初速	840 米 / 秒
供弹方式	M13 可散式弹链

▌▌▌▶ ★ 装备特点

MAG 既可以只使用两脚架当作轻机枪使用，也可以安装在三脚架或车载射架上当作重机枪使用。FN MAG 由于性能可靠，被全世界超过 70 个国家的军队所采用，包括比利时、英国、澳大利亚、加拿大、美国、瑞典等国，并被用于步兵、各种不同的车辆、直升机、坦克和装甲车辆等，和俄罗斯的 PKM 系列一样也是目前世界上最流行的通用机枪之一，并在全球各地的武装冲突中被广泛使用。

以色列 IMI Negev 轻机枪

　　Negev(内盖夫) 机枪是以色列军事工业研制的一种 5.56 毫米轻机枪，主要用户为以色列国防军，爱沙尼亚和格鲁吉亚也有装备。该枪还有短枪管版本，主要配属少数以色列特种部队使用。

性能解析

　　Negev 轻机枪射击精确、性能可靠、重量较低，比较适合沙漠作战。该枪可以采用弹匣和弹链两种供弹方式，射速可以调节，增强了使用时的灵活性。Negev 轻机枪的枪托可以折叠，而且折叠时还不会阻碍到弹盒，其紧凑的设计增强了它的环境适应性。

基本参数	
制造商	IMI
生产年限	1997 年至今
口径	5.56 毫米
全长	1 020 毫米
枪管长	460 毫米
重量	7.5 千克
射速	630~850 发 / 分 (弹匣)
最大射程	1 000 米
枪口初速	950 米 / 秒
供弹方式	弹匣 / 弹链

装备特点

　　与沉重的加利尔突击步枪相比，Negev 的运气来得好些，一方面是因为与 Minimi 的性能非常相似，射击精度和重量相差不远；另一方面是在以色列国防军的实战中发现 Negev 在沙漠环境中比 Minimi 更可靠。此外 Negev 的折叠枪托也是一大优点 (Minimi 的标准型采用固定枪托，而有折叠枪托的伞兵型则射程短，美国军队也是近几年才流行 M249 的 "标准型枪管 + 伞兵型枪托" 的组合)。

新加坡 Ultimax 100 轻机枪

Ultimax 100 轻机枪是由新加坡特许工业有限公司研发生产的，其特点是重量轻、命中率高，除了被新加坡军队采用外，还出口到了其他国家。

性能解析

该枪的重量极轻，枪支本身重量不过 4.9 千克，重量和旧式突击步枪相当，即使装上塑胶制的 100 发专用弹鼓并装满子弹，总重量也不过约 6.8 千克。该枪采用射程可调窥孔式照门，枪管上的刺刀座通用 M16 突击步枪的刺刀。

装备特点

Ultimax 100 式轻机枪最大的特点就是与同类轻机枪相比，它的重量最轻，但后坐力却最低，在连发射击时很容易控制，因此射弹散布密集，命中率较高。Ultimax 机枪极低的后坐力使射手无论是抵肩射击还是腰际射击都不需要花大的力气去控制枪支的后坐或上跳，甚至在行进中用单手射击也轻而易举。

基本参数	
制造商	新加坡特许工业有限公司
生产年限	1982 年至今
口径	5.56 毫米
全长	1 024 毫米
枪管长	508 毫米
重量	4.9 千克（空枪）
射速	400~600 发/分
有效射程	460 米 800 米
枪口初速	945 米/秒
供弹方式	弹匣/弹链

比利时 FN Minimi 轻机枪

FN Minimi 轻机枪是比利时 FN 公司在 20 世纪 70 年代研制成功的，主要装备步兵、伞兵和海军陆战队。

性能解析

FN Minimi 轻机枪是 FN 公司当时的新设计，开、闭锁动作由机框定型槽通过枪机导柱带动枪机回转而完成。由于枪机闭锁于枪管节套中，故可减小作用于机匣上的力。机框直接连接在活塞杆上，两者一起运动，机匣内侧的 2 根机框导轨起确保机框和枪管对正的作用。

子弹击发后，在火药气体压力作用下，活塞和机框后坐，而枪机则要等到机框上的开锁斜面开始起作用之后方能运动。在此期间，膛压逐渐下降。当机框开锁斜面开始带动枪机开锁时，膛压几乎与大气压相等，故弹壳不会因此紧贴于弹膛壁上。抽壳动作在枪机回转开锁完成之后才开始进行。

基本参数	
制造商	FN 公司
生产年限	1977 年至今
口径	5.56 毫米
全长	1 038 毫米
枪管长	465 毫米
重量	7.1 千克（空枪）
射速	1 000 发 / 分
有效射程	1 000 米
枪口初速	925 米 / 秒
供弹方式	M27弹 /STANAG 弹匣

装备特点

Minimi 机枪与早期的 T9 型相比做了如下改进：减轻重量，采用钢板冲压机匣和金属枪托、两脚架、枪管更换装置、表尺照门等也都有所改动，特别引人注目的是采用了新研制的两用供弹机。两用供弹机作为枪的 1 个完整部件固定于枪上，既可用弹链供弹，又可使用美国 M16 步枪的弹匣供弹，而无须更换供弹机部件。Minimi 机枪共有 3 种类型：标准型（长枪管）、伞兵型（短枪管）和车载型。标准型配备固定枪托，也可配备上伞兵型的折叠枪托，通常配备两脚架。两脚架拉开后可支于地面或支架上射击，折叠后可肩射。两脚架折叠起来后起前托的作用。也可配用一种重量约 6 千克的轻型三脚架。

俄罗斯 Pecheneg 通用机枪

　　Pecheneg 通用机枪是由俄罗斯联邦中央研究精密机械制造局研发设计的，其设计理念借鉴了苏联的 PK 通用机枪。该枪 80% 的零件可以与 PK 通用机枪互换。

▶ 性能解析

　　与 PK 通用机枪相比，Pecheneg 通用机枪最主要的改进有：一是该枪使用了 1 根具有纵向散热开槽的重型枪管，从而消除了在枪管表面形成上升热气以及保持枪管冷却，使其射击精准度更高，可靠性更好；二是该枪能够在机匣左侧的瞄准镜导轨上，安装上各种快拆式光学瞄准镜或是夜视瞄准镜，以额外增加其射击精准度。Pecheneg 通用机枪的枪管即便持续射击 600 发子弹，也不会缩短其寿命。

基本参数	
制造商	俄罗斯联邦中央研究精密机械制造局
服役时间	1999 年至今
口径	7.62 毫米
全长	1 155 毫米
枪管长	658 毫米
重量	8.7 千克 (两脚架)
射速	650~800 发 / 分
有效射程	1 500 米
枪口初速	825 米 / 秒
供弹方式	弹匣 / 弹链

▶ 装备特点

　　据说 Pecheneg 机枪能够持续每分钟 1 000 发的实际射速，或以 40~50 发的长点射速度连续射击 600 发子弹，且不会减短枪管寿命。所有枪管的寿命是 30 000 发或以上。然而有关 Pecheneg 机枪还是有争论的，一些人认为它比 PK 系列有重大改进，而另一些人则对固定枪管是否真的能有效延长射击持续时间表示怀疑。但有关 Pecheneg 机枪有一点确实是遭到很多抱怨的，就是两脚架的安装位置，许多人认为还是安装在靠近机匣的位置好一点，这样在转移射击目标时会比较迅速。

美国斯通纳 63 轻机枪

斯通纳 63 轻机枪由尤金·斯通纳设计，是越南战争中美国海豹突击队的主战武器之一。

性能解析

斯通纳 63 轻机枪的枪管可快速更换，能在轻机枪与步枪之间转换。该枪具有良好的可靠性和通用性，即便是在潮湿闷热的越南丛林仍可有效地运作。

装备特点

斯通纳 63 轻机枪有多种衍生型。其中斯通纳 63A 突击型配 100 发弹鼓下挂于机匣底部，机匣右边供弹，拉机柄内置于护木底部，为了减轻重量取消了可换式枪管，越战时期曾被海

基本参数	
制造商	凯迪拉克盖集公司
制造数量	3 350 挺
生产年限	1963—1971 年
口径	5.56 毫米
全长	1 022 毫米
枪管长	508 毫米
重量	5.3 千克
射速	700~1 000 发 / 分
有效射程	500 米
枪口初速	1 000 米 / 秒
供弹方式	弹匣 / 弹链

豹部队采用。斯通纳 63 救生步枪型在 1964 年完成设计，开发目的是为飞行员及机组人员提供一种救生自卫武器（类似柯尔特 M608）。救生步枪型内部类似步枪型，但在尺寸上做了修改以符合美国空军要求，包括切短的握把、移除护木、改用短枪管、顶置式拉机柄。救生步枪型只制造过 1 把，没有推出过 63A 的改良版本，而这把救生步枪至今仍然幸存。

美国 XM312 重机枪

XM312 是美国通用动力公司研制的一种 12.7 毫米重机枪。它是在 XM307 自动榴弹炮的基础上研制而成的。

性能解析

XM312 重机枪由 2 人操作，能够以 260 发 / 分的射速进行长时间射击。由于该枪口径达 12.7 毫米，所以它的威力和射程也非常惊人，能够穿透普通墙体和轻型装甲目标，最大有效射程可以达到 2 000 米，以弹链方式供弹。

由于该枪的设计优秀，而且使用了很多高新科技，所以它的后坐力很小，射击精度极高。而且还配置了新型的夜视装置，能够在夜间执行射击任务。

基本参数	
制造商	通用动力公司
生产年限	2004 年至今
口径	12.7 毫米
全长	1 346 毫米
重量	19 千克
射速	260 发 / 分
有效射程	2 000 米
供弹方式	机匣左右皆可装填，对应 M15 及 M9 可散式金属弹链

装备特点

XM312 的重量很轻，因此这种武器有一个特别的名称，叫作"轻型重机枪"。XM312 不但比 M2HB 轻，在尺寸上也比 M2HB 紧凑。XM312 的开发不仅会降低将来装备 XM307 的技术风险，而且也能提高部队现有的作战能力。XM312 开发成功后将可能会是目前最轻的 12.7 毫米重机枪，并可以由 2 人携行。不过 XM312 的射速比较低，和 M2HB 差不多，因此并不适合对付快速移动的目标，如直升机等。所以 XM312 主要是用于对付地面目标。

俄罗斯 RPK 轻机枪

RPK("卡拉什尼科夫轻机枪"的缩写)是卡拉什尼科夫以 AK-47/AKM 突击步枪为基础发展而来的轻机枪,在 1959 年被苏军采用,属于苏联的第二代班用支援武器。它保持着 AK-47 的良好性能及可靠性,初期在 10 人步兵班中可配备 1 把作班用机枪。20 世纪 70 年代后期,小口径的 AK-74 及 RPK-74 开始装备苏军,尽管如此,大量 RPK 仍旧装备军队,直至现在。

性能解析

RPK 沿用 AKM 著名的冲铆机匣,枪支内部的冲压件比例大幅度提高,并把铆接改为焊接,如枪管节套和尾座是点焊在 1 毫米厚的 U 形机匣上。机框枪机导轨也是冲压件,并点焊在机匣内壁上;弹匣改用轻合金,与原来的钢弹匣可以通用,后期还研制了一种玻璃纤维塑料压模成型的弹匣,也可以完全通用;枪托、护木和握把采用树脂合成材料。

RPK 维持了 AKM 的导气式工作原理,但细节上有很大不同。与 AKM 相比,RPK 的枪管有所延长,并增大了枪口初速。弹匣容量也增大许多,有效延长了持续火力。RPK 还配有折叠的两脚架以提高射击精度,瞄准具增加了风偏调整。枪托与捷格加廖夫 RPD 机枪的枪托相同,卡拉什尼科夫还为空降部队研制了折叠式木制枪托的 RPKS。

基本参数	
制造商	维亚茨基·波利亚内机械制造厂
生产年限	1959—1978 年
口径	7.62 毫米
全长	1 040 毫米
枪管长	590 毫米
重量	4.8 千克
射速	600 发 / 分
有效射程	1 000 米
枪口初速	745 米 / 秒
供弹方式	弹匣 / 弹鼓

装备特点

RPK 采用长、重枪管,有效射程及枪口初速比 AK-47 高,枪口装有新型制退器以降低连续射击时的后坐力,备有可提高射击精确度及方便伏姿射击的折叠式两脚架,照门重新设计并增加了风偏调整令远程射击精确度有所提高,改用适合机枪使用的改进型木制固定枪托 (类似 RPD),通用 40 发弹匣、75 发弹鼓及 AK-47 的 30 发 7.62x39 毫米弹匣,令火力持续性提高。然而,由于它使用固定枪管,无法长时间连续射击,实际上只属于重枪管自动步枪。

俄罗斯 RPD 轻机枪

RPD 轻机枪是捷格加廖夫于 1943 年设计的，是 1 挺操作极其简单、动作十分可靠的机枪。

性能解析

RPD 轻机枪采用导气式工作原理，闭锁机构基本由 DP 轻机枪改进而成，属中间零件型闭锁卡铁撑开式，借助枪机框击铁的闭锁斜面撞开闭锁片实现闭锁。该枪采用弹链供弹，供弹机构由大、小杠杆，拨弹滑板、拨弹机、阻弹板和受弹器座等组成，弹链装在弹链盒内，弹链盒挂在机枪的下方。该枪击发机构属平移击锤式，机框复进到位时由击铁撞击击针。

基本参数	
制造商	科夫罗夫机械厂
口径	7.62 毫米
全长	1 037 毫米
枪管长	521 毫米
空枪重量	7.5 千克
枪口初速	735 米 / 秒
有效射程	800 米
射速	650 发 / 分
弹容量	100 发
供弹方式	弹链

装备特点

RPD 轻机枪有结构简单紧凑，质量较小，使用和携带较为方便等优点。该枪发射 M43 型 7.62 毫米中间威力步枪弹。

Chapter 03

自卫支援武器

　　除了步枪、机枪和冲锋枪等主战武器，特种兵往往还要携带自卫武器以备不时之需。特种部队的自卫武器主要包括手枪和军刀，由于特种作战的特殊性，这些武器大多具有小巧便携、利于隐蔽、用途广泛和可靠耐用等特点。

3.1 手　枪

美国柯尔特 M1911 手枪

M1911 是美国柯尔特公司生产的一款手枪，经历了两次世界大战和多次局部战争。

性能解析

M1911 手枪性能优异，其 11.43 毫米的大口径能够确保在有效射程内快速让敌人失去战斗能力，而且该手枪的故障率很低。此外，该手枪结构简单，零件数量较少，而且比较容易拆解，方便维护和保养。

装备特点

M1911 曾经是美军在战场上常见的武器，经历了一战、二战、越南战争以及波斯湾战争。

基本参数	
制造商	柯尔特公司
制造数量	200 万把以上
生产年限	1911 年至今
口径	11.43 毫米
全长	210 毫米
枪管长	127 毫米
重量	1 105 克
有效射程	50 米
枪口初速	247 米 / 秒
弹容量	8 发

M1911 系列也是约翰·勃朗宁以枪管短行程后坐作用原理设计的著名产品，其各种特点也影响着其他在 20 世纪推出的手枪。和许多现代手枪一样，M1911 有多种保险机构，能防止该枪意外走火。M1911 的保险机构包括手动保险、握把保险、半待击保险。

美国 MK 23 Mod 0 手枪

　　MK23 Mod 0 手枪曾成功击败柯尔特 OHWS，并且通过了美国特种部队司令部的作战计划。

性能解析

　　MK23 Mod 0 在恶劣的环境中有着特别高的耐久性、防水性和耐腐蚀性。它使用 1 根特制的六边形膛线设计和枪膛镀铬的枪管，用于提高准确性和耐用性。MK23 Mod 0 有 1 个设于枪身两边的手动保险和弹匣释放按钮，双手皆可轻松操作。手动保险在大型待击解脱杆的后部，而弹匣释放按钮在扳机护圈的后部，两者都设计得特别大，以便双手的大拇指能够直接操作和戴上手套射击时轻松上弹。

基本参数	
制造商	HK 公司
生产年限	1996—2010 年
口径	11.4 毫米
全长	245 毫米
枪管长	149 毫米
重量	1 470 克
有效射程	25 米
枪口初速	260 米 / 秒
弹容量	12 发

设于左侧的大型待击解脱杆在手动保险的前部，能降低外置式击锤以锁上全枪。复进簧中装上了 1 个后坐力缓冲部件以降低射击时的后坐力，从而提高精确度。

装备特点

　　MK23 Mod 0 与 M1911 手枪共享了多个设计特点，使对于 M1911 手枪有经验的人都能够很容易地不完全分解并且妥善地清洁 Mk 23 Mod 0。MK23 Mod 0 亦装备了套筒卡锁，发射时可以消除套筒后座和抛弹壳所造成的噪声。但是，Mk 23 Mod 0 在尺寸和重量两方面都实在过大和过重，出现了不少批评的声音。

美国 MEU（SOC）手枪

　　MEU（SOC）是一种气冷式、弹匣供弹、枪管短后坐、单动操作的手枪。它已经成为美国海军陆战队远征队中侦察部队的备用枪械，并且从 1986 年使用至今。

性能解析

　　MEU（SOC）手枪的组件都是由手工装配，因此不能互换。武器序列号的最后 4 个数字分别印在枪管顶部和套筒部件的右侧。该枪的握把保险为河狸尾状设计，枪身两面皆有可以由拇指操控的手动保险。

装备特点

　　美国海军陆战队于 2012 年春决定生产一种新型 .45 口径手枪。该枪将装备侦察部队和海军陆战队特种作战司令部，装备数量为 400~12 000 支，

基本参数	
制造商	美国海军陆战队精确武器工厂
生产年限	1986 年至今
口径	11.43 毫米
全长	209.5 毫米
枪管长	128.27 毫米
重量	1 110 克
有效射程	70 米
枪口初速	253 米 / 秒
弹容量	7 发

总价值 2 250 万美元，目前需求量为 4 000 支。新型手枪是在 20 世纪 80 年代退役的柯尔特 M1911 手枪的基础上研制，并命名为 MEU（SOC）手枪，即海军陆战队远征队手枪（特种作战手枪）。目前，侦察部队和海军陆战队特种作战司令部都在使用该枪，且需求量很大，海军陆战队正在寻求现有装备来满足需求，与 M9 式 9 毫米手枪相比，新型手枪停止作用更强。特种作战人员已使用 .45 口径手枪很多年，与其搭配使用的通常是 MP5 式 9 毫米冲锋枪。海军陆战队特种作战司令部已经装备现役的 MEU（SOC）手枪。

德国瓦尔特 PP/PPK 手枪

瓦尔特 PP 是由德国卡尔·瓦尔特运动枪有限公司制造的手枪，瓦尔特 PPK 是瓦尔特 PP 的派生型，尺寸略小。

性能解析

瓦尔特 PP/PPK 采用外露式击锤，配有机械瞄准具。套筒左右都有保险机柄，套筒座两侧加有塑料制握把护板。弹匣下部有一个塑料延伸体，能让射手握得更牢固，此外，两者都使用 7.65 毫米柯尔特自动手枪弹。

装备特点

瓦尔特 PP/PPK 手枪属世界最著名手枪之列，生产数量极大。PP/PPK 手枪对二战后西德乃至世界的手枪设计产生了极大的影响。1945 年以后，土耳其、匈牙利均生产了一些 PP 手枪，法国马尼安公司也进行了特许生产。PP 与 PPK 手枪，发展至今已有 70 多年历史了，仍然是小型手枪的经典，具有划时代意义。

基本参数	
制造商	卡尔·瓦尔特运动枪有限公司
生产年限	1929 年至今
口径	7.65 毫米
全长	170 毫米
枪管长	98 毫米
重量	660 克
有效射程	50 米
枪口初速	320 米 / 秒
弹容量	7/8/9 发

德国 HK P7 手枪

HK P7 是德国 HK 公司设计生产的一款手枪，现在德国军队和警察已经换装 P8 和 P10 手枪，但 HK P7 系列仍在其他一些地方服役。

性能解析

HK P7 的一项特殊设计是它的握把保险。该枪没有单独的保险杆，也没有外露的击锤。握把保险位于扳机护圈的下方，使用时以中指、无名指的力量将其按下。之后保险带动保险锁向上抬起，击针被释放。如果继续按压握把保险，HK P7 的两段式击针继续后退至后半段露出手枪。HK P7 还拥有空仓挂机功能，打完最后一发子弹后枪机套筒会停留在后方等待子弹上膛。握把保险也兼具空仓挂机解锁装置的功能，无论有没有装填子弹，按下保险后套筒都会复原。

基本参数	
制造商	HK 公司
生产年限	1976—2008 年
口径	9 毫米
全长	171 毫米
枪管长	105 毫米
重量	780 克
有效射程	50 米
枪口初速	351 米 / 秒
弹容量	8 发

装备特点

由于 P7 的枪管轴线接近虎口位置，因此射击时跳动要小得多，后坐力也较容易控制。因此 P7 手枪的射击精度相当高。P7 的全新设计不但没有使零件数量增加，相反地，P7 手枪所用的零件数比起当时的传统自动手枪反而少了将近 40%，而且所有零件的组装、拆卸也相当地简易方便，但与其他 HK 的产品一样，P7 手枪精密、可靠、准确，而且昂贵。

德国 HK P2000 手枪

P2000 是 HK 公司于 2001 年研制的半自动手枪，发射 9x19 毫米 .40 S&W 和 .357 SIG 子弹。

性能解析

P2000 是一把短后坐行程作用操作、闭膛待击半自动手枪，它使用了改良勃朗宁式无闭锁凸耳的枪机，垂直倾斜枪管的设计则来自 USP 系列自动装填手枪。枪管是由钢材经过冷锻和镀铬工艺制造而来，具有多边形的轮廓。套筒材料是由硝酸渗碳所制成的钢材，十分坚硬。遵循现代手枪的设计趋势，P2000 也大量地采用耐高温、耐磨损的聚合物及钢材混合材料以减少全枪重量和生产成本。

基本参数	
制造商	HK 公司
口径	9 毫米
全枪长	173 毫米
枪管长	93 毫米
全枪质量	620 克
装弹量	最少 10 发
弹头初速	355 米 / 秒
有效射程	50 米

装备特点

P2000 主要用于执法机关、准军事和民用市场。P2000 使用了独特的改进设计，更符合人体工程学的特点；它所具有的特点是，减少了操作时所造成的压力，并同时增加了使用者操作和射击时候的舒适度。

德国 HK P30 手枪

P30 是 P2000 的进一步改进，目的是提供一种更好的警用手枪和自卫手枪。

性能解析

P30 是一把使用外置式击锤射击的手枪，亦有一种可选的缩短型击锤。它装有非常灵巧的套筒锁（空枪挂机杆）和弹匣卡笋安装在扳机护圈附近的两侧，两手皆可让拇指舒服地操作，进而快速识别弹尽和更换弹匣。各个衍生型的扳机和扳机系统提供了转换扳机射击模式的可能性，即是由第一种操作模式转换到另一种操作模式。有几种的衍生型是可以使用"执法机关修改型"的扳机结构，其设计足以抗衡使用单/双动操作的扳机结构。

基本参数	
制造商	HK 公司
口径	9 毫米
全枪长	181 毫米
枪管长	98 毫米
全枪质量	740 克
装弹量	最少 10 发
弹头初速	360 米/秒
有效射程	50 米

P30 减少了操作时所造成的压力，并同时增加了使用者操作和射击时候的舒适度。在 2005 年公开的早期型 P30 原型又被称为 P3000。

德国 HK USP 手枪

HK USP 手枪是第一把拥有完整配件以执行反恐与特种任务的枪种，由德国 HK 公司设计生产。

性能解析

USP 手枪枪管是由铬钢冷锻制成，材质和炮管属同一等级。该枪的枪身由聚合塑胶制成，为避免滑套与枪身重量分布不均，在枪身内衬了钢架降低重心，以增强射击稳定性。USP 手枪的撞针保险和击锤保险为模块式，且扳机组带有多种功能，能依射手的习惯进行选择。

基本参数	
制造商	HK 公司
生产年限	1993 年至今
口径	9 毫米
全长	194 毫米
枪管长	108 毫米
重量	748 克
有效射程	50 米
枪口初速	285 米 / 秒
弹容量	15 发

装备特点

USP 手枪是德国黑克勒 – 科赫有限公司为满足民用市场、执法部门和军方的需要而设计的，它在传统结构的基础上，融进了多项革新，是一支实用的手枪。该手枪的一个与众不同之处，是可以选用多种不同样式的扳机机构，即传统的双动 / 单动型、没有手动保险的双动 / 单动型、有手动保险的双动型、简化的双动型扳机。

德国 HK 45 手枪

HK 45 的特点是减少了操作时所造成的压力，并同时增加了使用者操作和射击时的舒适度。

性能解析

HK 45 基本上是 HK USP 和 HK P2000 的经验合并，并借用了一些 HK P30 的改进要素。所以 HK 45 具有以上手枪的许多内部和外部特征。最明显的外表变化是略向前倾斜的套筒前端，另外在底把的扳机护圈前方整合有皮卡汀尼导轨，握把前方带有手指凹槽。

基本参数	
制造商	HK 公司
生产年限	2007 年至今
口径	11.43 毫米
全长	191.01 毫米
枪管长	115.06 毫米
重量	785 克
有效射程	50 米
枪口初速	260 米 / 秒
弹容量	10 发

装备特点

HK 45 有可更换的握把背板以适应使用者手掌的大小。但对于 HK 45 握把上的手指凹槽则有些人不喜欢，因为这些手指凹槽只适合手撑大小比较 "平均" 的男性。所以手掌较小的人可能更适合使用没有手指凹槽的 HK 45C。试射过的人评价，HK 45 的扳机比 USP 更好，所以更容易打得准。目前，HK 45 的弹匣容量是 10 发，HK 45C 的容量是 8 发。据说将来可能会推出 12 发弹匣。该枪寿命据说可达 2 万发。

德国 HK P11 水下手枪

HK P11 手枪是德国黑克勒 – 科赫公司于 20 世纪 70 年代为特种部队研制的水下无声手枪，1976 年正式装备使用。

性能解析

HK P11 手枪既能在水下使用，也能在地面使用，水下有效射程为 15 米，水上可达 50 米，特别适合从水下到海岸的秘密渗透行动。虽然 HK P11 手枪的水下射程相对不远，但可以通过特定的使用方式来弥补，蛙人通常在夜间视线不好、能见度较差的时候发起攻击，敌人不易察觉，很容易秘密接近到有效射程之内。

基本参数	
制造商	HK 公司
口径	7.62 毫米
全长	200 毫米
枪管长	60 毫米
重量	1.2 千克
弹容量	5 发
射速	600 发 / 分
有效射程	15 米（水下）

装备特点

HK P11 手枪由两大主要部件构成：枪管和手柄。这种手枪共装配 5 支枪管，全部密封，通过枪栓旁可折叠转换装置安装在手柄托架上，子弹发射所需要的电能由装配在手柄中间的两组蓄电池提供。HK P11 手枪也存在一些缺陷，其技术保障比较复杂，枪管再装填工作只能在黑克勒 – 科赫公司由专业人员进行，使用不够方便。

俄罗斯马卡洛夫 PM/PMM 手枪

马卡洛夫 PM/PMM 手枪的特点是结构简单，性能可靠，成本低廉。目前，该枪被俄罗斯军队和执法机构采用。

性能解析

PM 手枪的击发机构为击锤回转式，双动发射机构。保险装置包括有不到位保险，外部有手动保险机柄。PM 手枪采用由固定式片状准星和缺口式照门，在 15~20 米内时有最佳的射击精度和杀伤力。其钢制弹匣可装 8 发 PM 手枪弹，弹匣壁镂空，既减轻了重量也便于观察余弹数，并有空仓挂机能力。

基本参数	
制造商	伊热夫斯克机械厂
服役时间	1951 年至今
口径	9 毫米
全长	161 毫米
枪管长	93.5 毫米
重量	730 克
有效射程	50 米
枪口初速	315 米 / 秒
弹容量	8 发

装备特点

PM 手枪采用简单的自由后坐式工作原理，结构简单、性能可靠、成本低廉，在 20 世纪 50 年代是当时最好的紧凑型自卫手枪之一。PM 手枪有很多鲜明特点，比如固定销很少，零件总数少，尽可能一物多用。改进型 PM 手枪被定型为 PMM，既可用标准的 PM 弹也可以用改进的 PMM 弹，其使用对象为军队和执法机构，但显然销售运气并不好。

俄罗斯 PSS 微声手枪

PSS 微声手枪是苏联中央精密机械工程研究院设计的一种特别的微声手枪，1983 年开始服役，时至今日仍然被俄罗斯特种部队广泛使用。

性能解析

PSS 微声手枪采用常规手枪的自由枪机式自动原理，但结构比较特殊。PSS 微声手枪的枪管由可活动的弹膛和固定式的线膛组成，弹膛可以后坐 8 毫米，具有单独的弹膛复进簧。它的枪机复进簧安装在套筒内枪管上方部位。发射机构也有特点，配有外露击锤，可单动也可双动击发。

PSS 微声手枪使用的枪弹非常特别，火药和弹头之间有一个活塞，射击时，火药点燃后活塞迅速推动弹头向前运动，但很快活塞被弹壳的肩部挡住，这样噪声和烟雾便被堵在弹壳内，唯一的噪声是弹头飞出枪口后枪的自动操作声。这种子弹的有效射程是 50 米，能够穿透 25 米范围内的标准钢盔。

基本参数	
制造商	中央精密机械工程研究院
口径	7.62 毫米
全长	165 毫米
枪管长	35 毫米
重量	0.7 千克
弹容量	6 发
枪口初速	200 米/秒
有效射程	25 米

装备特点

世界上常见的微声手枪大多是在枪管前加装消声器，而 PSS 微声手枪却独辟蹊径，采用了一种独特的 7.62×42 毫米 SP–4 消声弹，通过阻止火药燃气流出达到消声、消焰的目的。

俄罗斯 SPP-1 水下手枪

SPP-1 是一种手动操作的 4 管手枪，1 套完整的 SPP-1 水下手枪装备包括 1 把手枪、10 个装有 4 发集束弹的弹盒、枪套和 1 根可携带 1 个枪套和 3 个弹盒的专用背带。

性能解析

水下手枪的主要技术难关是冲破水中阻力和水中操作问题。为冲破水中阻力，SPP-1 配有专用的 SPS 水下枪弹。这种枪弹的口径为 4.5 毫米，拥有形似钢矛的长钉式弹头。弹头长 115 毫米，是口径的 25 倍，加上弹头和弹体又连成直线，因而提高了弹头在水中的稳定性。

基本参数	
制造商	中央精密机械研究所
服役时间	1971 年至今
口径	4.5 毫米
全长	245 毫米
枪管长	178 毫米
重量	855 克
有效射程	17 米（水下）
适宜水深	40 米
弹容量	4 发

装备特点

水下手枪是苏联中央精密机械研究所推出的特种手枪，主要用于杀伤水下的近距离有生目标，也可杀伤陆地近距离有生目标。SPP-1 水下手枪在水底下的有效射程和穿透力比以往潜水员用的梭镖更强。在其有效射程内可轻易地穿透保暖潜水衣或 5 毫米厚的塑料面罩后对潜水员造成严重创伤。不过这种箭形弹在空气中飞行不太稳定，因此在水面上使用时有效射程很有限，通常只能应急时使用。

美国 M9 手枪

M9 手枪于 1985 年被美军选为制式手枪，各个军种的特种部队都有使用。

性能解析

　　M9 采用短行程后坐作用原理、单 / 双动扳机设计，以 15 发可拆式弹匣供弹，保险制及弹匣释放钮左右两面皆可操作。该枪配发 M12 手枪套 (伯莱塔 UM84 手枪套系统中的一部分)，也有士兵采用其他手枪套。

装备特点

　　M9 结构简单，机械动作可靠。全枪寿命大于 5000 发。但是 M9 手枪在阿富汗、伊拉克战

基本参数	
制造商	伯莱塔公司
生产年限	1985 年至今
口径	9 毫米
全长	217 毫米
枪管长	125 毫米
重量	970 克
有效射程	50 米
枪口初速	375 米 / 秒
弹容量	15/ 17/ 18/ 20 发

场上的高频率使用中曾出现簧力不足的故障。M9 手枪的 15 发弹匣压满子弹后，因托弹簧压缩到底后弹力变弱，致使最上面 1 发子弹不能到位，这样的弹匣装入枪内，拉套筒后向前，将推不到最上面的子弹，此故障在实战中较为可怕。除了托弹簧力不足故障外，其他关于 M9 手枪不足的反映，也不能称为技术缺陷，而只能称为弱点。因这些弱点有的是 M9 手枪自身结构形成的，有的是历史原因造成的，有的则为各国名牌手枪的通病。

奥地利格洛克 23 手枪

　　格洛克 23 手枪是由奥地利格洛克公司研制的手枪，是一种适合隐蔽使用的小巧、轻便、有效的警用手枪。

性能解析

　　格洛克 23 手枪发射 .40 S&W 弹药，装有改良过的套筒及套筒导轨，对应 .40 S&W 的枪管，外形与格洛克 19 非常相似。套筒内部的复进簧改为双复进簧式设计，大大降低了后坐力和提高了全枪的寿命。为了适应双复进簧式设计，套筒下的聚合物枪身前端部分较前一代格洛克 23 略为加宽。此外，弹匣设计也有所改进，以便双手都可以直接按下加大的弹匣卡榫以更换弹匣。

基本参数	
制造商	格洛克公司
生产年限	1990 年至今
口径	10 毫米
全长	185 毫米
枪管长	102 毫米
重量	604 克
有效射程	50 米
膛线缠距	400 毫米
弹容量	13 发

装备特点

　　格洛克 23 手枪是世界上第一次采用塑料架构的手枪，非常方便携带，在 20 世纪 80 年代初期奥地利陆军在试用版本时采用过 P–80 的名字，之后被 50 多个国家改装为 22 个品种用于军事 / 警备领域。小巧、轻便、射速快，是近身作战最有效的手枪之一。

比利时 FN M1906 手枪

1904 年，勃朗宁以 M1903 为基础，开发出了第一支袖珍型自动手枪。

性能解析

FN M1906 结构简单，只有 33 个零件，可迅速分解为套筒、枪管、复进簧及其导杆、击针和击针簧组件、套筒座、弹匣、连接销 7 个部分。FN M1906 延续并改进了在 FN M1903 上应用的一种新型结构，即在枪管下方设计了 3 个肋状闭锁突笋，从而有效地与套筒座相扣合，使得分解非常容易。

该枪全枪外形比较平滑，没有凸出的棱角，固定式缺口和准星全部隐藏在套筒顶端长槽内，扳机也采用平板状，不会因钩住衣袋衬里而影响出枪速度。该枪在设计上还非常重视安全性，设有三重保险，在膛内有弹的情况下携行也十分安全：一是弹匣保险，未装弹匣时可锁住扳机，不能击发；二是在套筒座左侧后部有手动保险，将其拨入套筒后方缺口内即为保险状态，另外还设有握把保险，只有在正确握持并挤压到位后，扣动扳机才能释放击针。

基本参数	
制造商	FN 公司
口径	6.35 毫米
全长	114 毫米
枪管长	53.5 毫米
空枪重量	350 克
有效射程	30 米
枪口初速	210 米 / 秒
弹容量	6 发

装备特点

FN M1906 不仅体型小、威力大而且安全性高，因此得到了大多数人的青睐。其成功设计使之成为后来大多数袖珍自动手枪的"典范"和"模板"。

比利时 FN M1935 手枪

FN M1935 是由美国枪械发明家约翰·勃朗宁设计，经过 FN 公司的改进并生产的单动操作式手枪，能够发射当时欧洲威力最强大的 9×19 毫米手枪子弹。

▌▌▌▌★ 性能解析

FN M1935 手枪采用枪管短后坐式工作原理和枪管偏移闭锁方式。枪管下方有一凸耳，其上有开闭锁斜面。套筒座上有开闭锁凸起。该枪有手动保险，弹匣保险和不到位保险。手动保险机柄在握把左上方，打开保险时可以锁住套筒和阻铁。

▌▌▌▌▶ 装备特点

FN M1935 手枪是世界上应用最广泛的手枪之一。因其精度良好、容弹量较大，至今仍在现代手枪结构设计中占有重要地位。与此前的各种勃朗宁手枪一样，结构中更多地凝聚了约翰·摩西·勃朗宁的丰富想象力。勃朗宁在其晚年设计的 M1935，结构新颖、设计独特，在当时来说是一个创造性的产品。同时，该枪也是 1 支著名的 "长寿" 武器，在诞生 70 多年后还活跃在战场上。目前，仍在英国、澳大利亚和南非等国军队中服役。

基本参数	
制造商	FN 公司
生产年限	1935 年至今
口径	9 毫米
全长	197 毫米
枪管长	118 毫米
重量	900 克
有效射程	50 米
枪口初速	350 米 / 秒
弹容量	13 发

比利时 FN 57 手枪

基本参数	
制造商	FN 公司
生产年限	2000 年至今
口径	5.7 毫米
全长	208 毫米
枪管长	122.5 毫米
重量	618 克
有效射程	50 米
枪口初速	650 米 / 秒
弹容量	20 发

FN 57 手枪是比利时 FN 公司为了推广 SS190 弹（5.7×28 毫米）而研制的手枪，主要是为了满足特种部队和执法部门的需要。

性能解析

SS190 弹由于弹壳直径小、重量轻，因此 20 发实弹匣的重量也只相当于 9 毫米手枪 10 发弹匣的重量，虽然长度比较大，但 57 手枪的握把比其他发射 9 毫米子弹的自动手枪更容易握持。由于枪管较短，57 手枪发射的 SS190 弹的初速比 FN P90 冲锋枪发射时要低，但仍高达 650 米 / 秒，有极好的穿透力，在有效射程内能击穿标准的防弹衣。

FN 公司还针对美国市场把 57 手枪分成两种型号——IOM 型和 USG 型。IOM 型（Individual Officer Model，官员个人型）是针对执法机构或军事人员使用。USG 型（United States Government，美国政府型）则是供美国的执法部门或平民使用。两种型号在外观上几乎没有区别，主要识别特征是 IOM 型握把侧板上为粒状花纹，USG 型为格子状花纹；IOM 型扳机护圈维持原来的双弧形状，USG 型扳机护圈底部为平直设计；IOM 型弹匣扣很小，而 USG 型较大。另外两种手枪的照门缺口形状也稍有不同。

装备特点

FN 57 式手枪在结构上没有那么革命性，但工程塑料的枪身和 FN 传统的可靠性使比利时 57 手枪具有成为一代名枪的潜力，最重要的是，比利时 57 手枪具有西方世界最大的弹匣容量，一次可以装弹 20 发，而通常的 9 毫米手枪只能装弹 15 发。

瑞士 SIG Sauer P226 手枪

P226 手枪可单动击发也可以双动击发，至 2004 年，P226 系列中各种型号总共生产了近 60 万把。

性能解析

P226 早期的设计其实只是把 P220 手枪改为双排弹匣供弹，另一个改进就是两侧都可以使用的弹匣卡笋。P226 可以不改变握枪的手势就能直接用拇指操作弹匣解脱扣，如果是左撇子，这个弹匣卡笋也可以反过来安装使用。除了这两者之外，P226还有第三个不同于 P220 的设计，开锁引导面比P220 上的稍长，这使得 P226 开锁时枪管偏移的时间会比 P220 稍迟一点，因此 P226 的射击精度更高。

基本参数	
制造商	西格 – 绍尔公司
口径	9 毫米
全长	196 毫米
枪管长	112 毫米
重量	865 克
有效射程	50 米
枪口初速	350 米 / 秒
弹容量	15 发

装备特点

P226 是专为参与由美国陆军在 1984 年代表美国军队了为了寻找一个可以用以取代 M1911A1 的 XM9 军用手枪试验而设计的。P226 以及其衍生型在世界各地多个执法机关和军事组织之中服役，是目前综合性能最好的手枪之一。

捷克 CZ100 手枪

　　捷克是世界武器市场上轻武器的出口大国，而捷克最有名的枪械企业，莫过于历史悠久的 CZ 公司（该公司全名为 Ceska Zbrojovka，通常的汉语译法为"塞斯卡－直波尔约夫卡"兵工厂）。该公司生产的最著名的作品是 ZB–26 轻机枪，但另外还有不少经典的枪械，其中就包括 CZ100 手枪。

性能解析

　　CZ100 的扳机结构属于双动模式，加入了撞针保险。该枪安装了单侧的滑套锁和弹匣锁掣。当弹匣中最后一发子弹射出后，滑套锁会在开启状态下被锁定。CZ100 可以安装一个袖珍的激光瞄准装置，固定在枪身的凹槽内、扳机护弓的前面。该激光瞄准装置内置可对扳机运动做出反应的感应器。Cz100 将高抗冲塑料枪身和钢制滑套完美结合，从而减轻了枪身重量，日常携带更加舒适。

基本参数	
制造商	CZ 公司
生产年限	1995 年至今
口径	9 毫米
全长	177 毫米
枪管长	95 毫米
重量	680 克
有效射程	50 米
枪口初速	350 米 / 秒
弹容量	10/ 13 发

加拿大 P14-45 手枪

目前，P14-45 手枪已被美国和加拿大一些警察使用，也有一些平民购买用于自卫或射击比赛。

性能解析

P14-45 手枪不仅具有传统 M1911A1 机的握把保险、手动保险和惯性撞针，还装备了撞针锁，手指一旦离开扳机，撞针就会被锁定。

P14-45 是一种全尺寸半自动手枪，由柯尔特 M1911A1 发展而来，但是弹匣容量更大。P14-45 的握把和枪管比 P13-45 稍长，弹匣容量多 1 发。

基本参数	
制造商	帕拉军工
口径	11.43 毫米
全长	216 毫米
枪管长	127 毫米
重量	1100 克
有效射程	50 米
枪口初速	375 米 / 秒
弹容量	14 发

克罗地亚 HS2000 手枪

HS2000 是由克罗地亚 HS Produkt 工厂研制的手枪，可以发射多种不同的手枪子弹。

性能解析

HS2000 手枪有三种瞄准装置，除了通常的固定准星和照门之外，还可选用具备风偏修正功能的瞄准具。扳机结构仅支持双动模式。当子弹装入枪膛时，一个圆形的针头从滑套后部的略似碟形的凹陷处探出，相当于一个可视和可触摸的指示器，表明手枪已经装弹。

基本参数	
制造商	HS Produkt 工厂
生产年限	1999 年至今
口径	9 毫米
全长	180 毫米
枪管长	102.5 毫米
重量	700 克
有效射程	50 米
枪口初速	340 米 / 秒
弹容量	15 发

装备特点

HS2000 是短后坐行程作用和击针发射的半自动手枪。HS2000 有点不寻常的地方就是位于握把背后的握把式保险，必须按压才可发射，可以大大降低走火的机会。这种保险功能目前只会装在一些旧式的手枪上，例如，M1911 手枪及其衍生型，但很少会有现代手枪使用这种保险。HS2000 的握把保险和 CZ-75 手枪的不可更换式握把背板都是 HS2000 最显著的特点。

瑞士 SIG Sauer P220 手枪

P220 是由瑞士 SIG 公司设计、德国 Sauer 公司生产的 SIG Sauer 系列手枪中最早的型号，其性能完善、安全可靠，且价格也较便宜。

性能解析

P220 的底把材料为铝合金，表面作亚黑色阳极化抛光处理，铝质底把采用了在当时来说较为少见的设计，可减轻手枪的重量。套筒是由一块 2 毫米厚的钢板冲压成一个上盖的形状，再通过电焊把整个枪口部接上，经回火后钻孔，再用机器做深加工。击锤、扳机和弹匣扣均为铸件，而分解旋柄、待击解脱柄和空仓挂机柄均为冲压钢件，枪管是用优质钢材冷锻生产。握把侧片的材质是塑料，复进簧则由缠绕钢丝制成。枪机体用一根钢销固定在套筒尾部。

基本参数	
制造商	西格－绍尔公司
生产年限	1975 年至今
口径	9 毫米
全长	198 毫米
枪管长	112 毫米
重量	750 克
有效射程	50 米
枪口初速	345 米/秒
弹容量	9 发

装备特点

P220 手枪是 20 世纪 70 年代研制的，目的是取代 P210。虽然 P220 是 P210 的改进型，但比起 P210 性能更完善，更安全可靠，而且价格也更便宜。SIG 公司以 P220 为基础开发出的一系列的手枪凭着性能优良、操作可靠，在军用、警用和民用市场都很受欢迎。

俄罗斯 GSh18 手枪

GSh18 手枪是专为近距离战斗设计的军用手枪，优点是体积小、质量轻、弹匣容弹量大和射击稳定性好等，是俄罗斯新一代军用手枪中的佼佼者。

性能解析

GSh18 手枪采用了枪管短行程后坐作用，以及一个不寻常的凸轮偏转式闭锁结构，枪管外表面具有 10 个组成环状、分布均匀的锁耳，回转角度约为 18°。冷锻法制造的枪管具有 6 条多边形膛线，扳机机构为击针击发、双动操作，并设有一个默认式扳机，扳机上装有 3 毫米厚的钢板。

装备特点

GSh18 手枪质量轻，使用方便、灵活。使

基本参数	
制造商	KBP 仪器设计厂
生产年限	2000 年至今
口径	9 毫米
全长	184 毫米
枪管长	103 毫米
重量	470 克
有效射程	100 米
枪口初速	425 米 / 秒
弹容量	6/ 10/ 20 发

用 GSh18 手枪射击非常舒适，射击稳定性和精度也不错。从外观上看，GSh18 手枪比较粗犷，尺寸比马卡洛夫手枪要大，但其不包括弹匣在内的全枪质量只有 470 克，而马卡洛夫手枪取下弹匣之后的质量则为 663 克。这主要是因为前者大量采用了工程塑料。

乌克兰 Fort12 手枪

Fort12 是由乌克兰枪械制造商 RPC Fort 公司，在 20 世纪 90 年代末期研制及生产的一款手枪，目前主要服役于乌克兰特种部队。

性能解析

Fort12 是一款采用反动式操作的双动式手枪，其枪身及滑套由钢铁制成。手动保险设计在滑套左方，它可有效地锁上击锤，无论是在击锤处于锁定还是在较低的位置。早期的 Fort12 被认为不太可靠，但现在生产的型号就完全解决了这些问题，而且它比起马卡洛夫手枪有着更大的弹匣容量和更优秀的精准度。

基本参数	
制造商	RPC Fort 公司
生产年限	1998 年至今
口径	9 毫米
全长	180 毫米
枪管长	95 毫米
重量	950 克
有效射程	25 米
枪口初速	320 米 / 秒
弹容量	12 / 24 发

装备特点

目前，Fort12 被乌克兰多个执法部门使用，包括警察、特警队、军方及内政部等，俄罗斯及乌兹别克也有采用。Fort12 也有向民用市场发售，不过民用型只能发射如橡胶弹或催泪弹等非致命弹药。Fort12 唯一比较显眼的缺陷就是缺乏一个安全的退弹系统。

以色列"沙漠之鹰"手枪

　　"沙漠之鹰"是以色列军事工业生产的一种大口径手枪，该枪的体积和重量很大，威力极强，拥有极高的知名度，是世界著名的大口径、大威力手枪。

性能解析

　　"沙漠之鹰"手枪采用常在步枪上使用的气动机构，这是因为它发射的是大威力子弹，而一般的气动机构在面对这种子弹时强度有所不足。该枪在射击时会产生很大的噪声，而且后坐力极大，故障率也较高。过高的杀伤力也是军方和警方对该枪的兴趣大大降低的原因之一，因为这样无论是对射手还是射手旁边的人都存在很高的安全隐患。

基本参数	
制造商	军事工业公司
生产年限	1983 年至今
口径	12.7 毫米
全长	270 毫米
枪管长	152 毫米
重量	2 000 克
有效射程	200 米
枪口初速	402 米 / 秒
弹容量	7 发

装备特点

　　"沙漠之鹰"手枪彪悍的外形，不是任何人都能控制的发射力量，这是任何小巧玲珑的战斗手枪都不能替代的。虽然"沙漠之鹰"是 IMI 最著名的产品，但却不是唯一的产品。IMI 近年来推出了许多"鹰"系列枪支，不过却都没有取得"沙漠之鹰"那样的成就。但是"沙漠之鹰"排除故障的操作却不是那么便捷，因为"沙漠之鹰"发射的子弹比较长，因此它的套筒行程也比其他手枪长，而且它的握把大，手指稍为短小一点的人都不能快速地按下弹匣卡笋（可以通过用持枪手的中指来按弥补此点），再加上它的尺寸过大，操作起来也不那么敏捷。

美国 M45A1 手枪

美国海军陆战队人员日益增多，加上 MEU(SOC) 手枪的部件磨损和撕裂，所以他们试图寻找能替代 MEU(SOC) 的手枪。

性能解析

M45A1 装有 1 根 127 毫米锻压不锈钢国家比赛等级枪管。底把和套筒都是由锻压钢制造。不锈钢和黑色、沙色枪身型的机匣表面分别使用了拉丝亚光和 Cerakote 氮化表面转换处理。它的膛室设计和发射的通常都是 .45ACP 子弹。而且不少零部件变可与其他 M1911 型号通用，或改用商业市场出售的相关零部件，例如，握把侧板、机械瞄具和弹匣。

装备特点

M45A1 在套筒下、扳机护圈前方的底把防尘盖上整合了 1 条皮卡汀尼战术导轨，提供了安装各种战术灯、激光瞄准器和其他战术配件的通用性，使其成为一把容易适应任何军事或执法需要的战术手枪。

基本参数	
制造商	柯尔特公司
生产年限	2010 年至今
口径	11.43 毫米
全长	215.9 毫米
枪管长	127 毫米
重量	1 034 克
有效射程	50 米
枪口初速	310 米 / 秒
弹容量	7 发

波兰 P64 手枪

在波兰军队装备的武器中，很大一部分是购买于苏联、德国等国家。为了能有自己本土的手枪，波兰兵工厂在借鉴了德国 PPK 系列手枪之后，设计出了 P64 手枪。

性能解析

P64 手枪采用自由枪机式工作原理，可单、双动击发，子弹被击发后，火药气体压力推动套筒弹底窝平面，使得套筒后坐完成抽壳、抛壳等动作。该枪手动保险机柄在套筒左后方，显示红点为发射位置，红点被手动保险机柄挡住为保险状态。为便于手枪握持，该枪弹匣底部向前伸出了一个凸角。

基本参数	
制造商	波兰兵工厂
口径	9 毫米
全长	155 毫米
枪管长	84 毫米
重量	636 克
有效射程	50 米
枪口初速	314 米 / 秒
弹容量	6 发

装备特点

P64 手枪属于典型的自卫型手枪，该手枪的外形尺寸和一个人的手掌差不多大。P64 手枪的弹夹扣在手枪握把的底部，和德国 P38 手枪相似，这种退弹夹的方式有个缺点就是单手无法实现退弹夹，因为退弹夹时一只手要握紧手枪握把，用另一只手扣动那弹夹扣才能取出弹夹。

3.2　霰 弹 枪

美国雷明顿 M870 式霰弹枪

霰弹枪是近战之王，在丛林和室内作战时，霰弹枪往往是特种兵最信任的武器。M870 式霰弹枪是该"枪种"中的佼佼者。

性能解析

M870 式霰弹枪从底部装弹，弹壳从机匣右侧排出，管式弹仓在枪管下部，双动式结构、内部击锤设计，枪管内延长式枪机闭锁。它的机匣、扳机系统、保险制、套筒释放钮与 M7600 系列相似，部分零件可与 M1100 及 M11–87 互换。

除了美国军队之外，M870 式霰弹枪还被多个国家军队、特种部队以及警队使用，包括英国军队、瑞士警务处、加拿大骑警等。

基本参数	
制造商	雷明顿公司
生产年限	1950 年至今
口径	18.53 毫米
全长	946~1280 毫米
枪管长	254~762 毫米
重量	3.2 千克
有效射程	40 米
供弹方式	管式弹仓
弹容量	3~8+1 发（枪膛内有 1 发）

装备特点

M870 式霰弹枪因其结构紧凑、性能可靠、价格合理，很快成为美国人喜爱的流行武器，被美国军警采用，雷明顿兵工厂也因此成为美国执法机构和军队最喜爱的兵工厂之一。从 20 世纪 50 年代初至今，它一直是美国军、警界的专用装备，美国边防警卫队尤其钟爱此枪。它能被用于狩猎、家庭防卫，以及开锁，通常用作猎枪，在许多地方的枪店就可以买到它，在恶劣气候条件下的耐用性和可靠性较好。

意大利伯莱利 Super90 霰弹枪

Super90 是一种可半自动、可泵动式两用霰弹枪，发射 12 号口径霰弹。

性能解析

Super90 霰弹枪采用了一个被称为"自动调节气动式操作"的系统，这是一种短行程活塞传动设计，只是把气动部件分成了 4 个部分，包括 2 个对称、有护罩包覆的小型不锈钢质气动活塞。不锈钢制活塞安装于护木前端，以协助转栓式枪机能够正常地运作，这样简单的机构却让 Super90 有极高的可靠性，并最大限度地减少故障的发生。

装备特点

Super90 霰弹枪可以交换使用来自各家制造商生产各种的部件（枪管可伸缩式枪托护木，等等）而且无须任何的工具。该霰弹枪亦适用于各个地形，它可让操作模式快速达成，并可改变装挂的配件以适应不断变化的战术环境。

基本参数	
制造商	伯莱利公司
生产年限	1999 年至今
口径	18.53 毫米
全长	1200 毫米
枪管长	500~660 毫米
重量	3.45 千克
有效射程	36.6 米
供弹方式	管式弹仓
弹容量	7+1 发

美国莫斯伯格 500 霰弹枪

莫斯伯格 500 是美国莫斯伯格父子公司专门为警察和军事部队研制的泵动式霰弹枪。

性能解析

莫斯伯格 500 有 4 种口径，分别为 12 号的 500A 型、16 号的 500B 型、20 号的 500C 型和 .410 的 500D 型。每种型号都有多种不同长度的枪管和弹仓、表面处理方式、枪托形状和材料。其中 12 号口径的 500A 型是最广泛的型号。莫斯伯格 500 的可靠性比较高，而且坚固耐用，加上价格合理，因此是雷明顿 870 有力的竞争对手。

基本参数	
制造商	莫斯伯格父子公司
口径	18.53 毫米
枪管长	762 毫米
空枪重量	3.4 千克
有效射程	40 米
枪口初速	475 米 / 秒
弹容量	9 发

有些人认为莫斯伯格 500 的部件比较松动，操作起来有零件晃动或撞击的声音，但另一些人则认为这是为了提高在恶劣环境中的可靠性而增大容留泥沙污垢空隙所致，比如，野战环境或在沼泽地带狩猎水禽。

装备特点

莫斯伯格 500 系列亦是美国枪械生产历史上第二款最高销售量的非军用武器，生产数量仅次于它在市场上的主要竞争对手以及另一款泵动式霰弹枪雷明顿 870 霰弹枪。被广泛用于射击比赛、狩猎、居家自卫，也被美国国内外的许多执法机构所采用。

美国莫斯伯格 M590 霰弹枪

M590 是莫斯伯格父子公司在 20 世纪 70 年代中期针对美军要求研发制造的一款霰弹枪，1987 年 M590 开始装备美国军队。美军定购的 M590 有些在枪管上安装隔热罩、刺刀卡笋和延长弹仓管，但有些没有安装这些附件。

▶ 性能解析

虽然 M590 有许多型号，但大体上有 3 种类型：一种是枪管长 508 毫米型，配 8 发弹仓，带有刺刀座；一种是枪管长 470 毫米型配 5 发弹仓；还有一种枪管长 406 毫米的紧凑型。

另外，莫斯伯格公司还推出了一种双动型的霰弹枪 M590DA 型，更重的扳机扣力减少了意外击发的机会，该型号主要是面向警用市场的。

▶ 装备特点

可能是出于市场竞争、内部财团派系的关

基本参数	
制造商	莫斯伯格父子公司
生产年限	1987 年至今
口径	18.53 毫米
全长	690 毫米
枪管长	406 毫米 / 470 毫米 / 508 毫米
重量	3.9 千克
有效射程	40 米
枪口初速	350~420 米 / 秒
供弹方式	双管式弹仓
弹容量	5+1/ 8+1 发

系，美军在装备雷明顿 870 后，也大量装备了莫斯伯格 500 和 590 霰弹枪，590 是 500 的改进型。二者都是比较优秀的霰弹枪，莫斯伯格 500/ 590 的枪机释放钮在扳机护圈的左后方，而手动保险则位于机匣的后方。无论左、右手射击手都很容易单手操作这两个开关，这是莫斯伯格 500 的拥护者认为优于雷明顿 870 的其中一个特点。

南非 NS2000 霰弹枪

NS2000(NeoStead 2000) 是南非特维洛公司于 2000 年设计和生产的泵动式战斗霰弹枪，发射 12 号霰弹。

性能解析

NS2000 采用了无托结构设计，这种设计让枪身总长度缩短到 690 毫米，但枪管长度仍有 571.5 毫米，所以并没有影响其有效射程和弹道特性。另外，NS2000 的最大特色是它的 2 个 6 发管式弹仓，可通过弹仓供弹选择杆开关，设定为左、右或交替等方式供弹。例如在骚乱等的条件下，可以先使用某一边的非致命性弹药，而标准常用的致命性霰弹（例如鹿弹）则用作后备或必要时使用。

基本参数	
制造商	特维洛公司
生产年限	2003 年至今
口径	18.53 毫米
全长	690 毫米
枪管长	571.5 毫米
重量	3.9 千克
有效射程	40 米
枪口初速	350~420 米 / 秒
供弹方式	双管式弹仓
弹容量	10+1/ 12+1 发

装备特点

NS2000 式霰弹枪最大的特点就是它的动作原理，枪机是固定的，通过枪管的前后移动实现上膛、抛壳的动作。第二个特点是它的双供弹系统，在枪管上方并列有 2 个管状弹仓。弹仓前端铰接在枪身上，装填的时候，按下提把后端的弹仓固定按钮，把弹仓后端向上抬起，然后直接往弹仓内装弹。由于采用双管弹仓的设计，再加上无托结构，因此 NS2000 式霰弹枪的外形就特别紧凑。

土耳其 UTS-15 霰弹枪

UTS-15(Urban Tactical Shotgun 15-rounds,意为:15 发式城市战术霰弹枪)
是由土耳其 UTAS 公司研制及生产的无托结构泵动式霰弹枪，发射 12 号霰弹。

性能解析

　　UTS-15 的机匣是由碳纤维增强聚合物制造。
为了确保快速、方便地检查枪机 (例如，检查是否
已经上膛，或是需要清除偶尔的变形霰弹而造成的
卡弹情况等)，该枪枪身顶部设计有大开口外盖。
枪管为精密机械加工和热处理 4140 型钢制造，具
有镀铬的内膛，并设有内置可移除式喉锁，由具有
3 个锁耳的传统型转栓式枪机直接进入枪管节套锁
定闭锁。

基本参数	
制造商	UTAS 公司
生产年限	2012 年至今
口径	18.53 毫米
全长	662.94 毫米
枪管长	469.9 毫米
重量	3.13 千克
有效射程	43 米
枪口初速	420 米 / 秒
供弹方式	双管式弹仓
弹容量	7+7+1 发

装备特点

　　UTS-15 霰弹枪是 1 支手动操作，泵动式 (又称滑动式) 枪机操作的武器。
UTS-15 亦是一支采用了无托结构设计的战斗霰弹枪，这样 662.94 毫米长度的
枪身都仍然有 1 根 469.9 毫米长度的枪管，将士兵的轮廓最小化，并增加了士
兵在巷战之中的灵活性。

南非"打击者"霰弹枪

"打击者"霰弹枪是由南非哨兵武器有限公司生产的防暴控制和战斗用途霰弹枪，发射12号霰弹。

性能解析

"打击者"霰弹枪除了枪管和转轮以钢制造、弹巢壳以铝合金制造外，前握把和包括手枪握把在内的整个发射机构都由塑料制成，而顶部的折叠式枪托则是由金属板制成。"打击者"霰弹枪的枪机类似左轮手枪类武器，它使用旋转式弹巢型弹鼓供弹。由于"打击者"使用了传统型纯双动操作扳机以及一个沉重的弹巢，因此沃克设计了自动旋转装置。在弹巢前面有一个上发条的蝴蝶形旋转手柄，射击前先要手旋转手柄以旋转转轮并且扭紧内置的卷簧（类似上发条）。

基本参数	
制造商	哨兵武器有限公司
生产年限	1984年至今
口径	18.53毫米
全长	792毫米
枪管长	470毫米
重量	4.2千克
有效射程	小于50米
供弹方式	弹巢
弹容量	12发

装备特点

"打击者"霰弹枪的主要优点是弹巢容量大，相当于当时传统霰弹枪弹容量的2倍，而且具有速射能力。即使它在这方面是成功的，但另外却有着明显缺陷，其旋转式弹巢型弹鼓的体积过大，而且装填速度较慢。

俄罗斯 RMB-93 霰弹枪

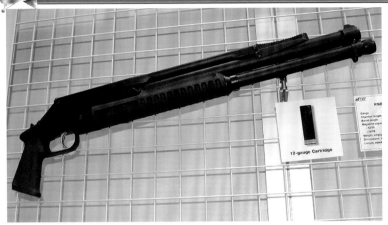

RMB-93 是由苏联中央设计研究局研发的一种泵动式霰弹枪，发射 12 号霰弹。

性能解析

　　RMB-93 在设计上的优点是：第一，射击操作系统使得双手都能够有效率地利用全枪；第二，管式弹仓设在枪管上方使得其质量中心降低并且能够降低枪口上扬、后坐力等问题；第三，全枪长度可以缩短以便携带。但缺点也十分明显，包括：连着握把的金属制折叠枪托会在折叠的时候把管式弹仓的顶部装填口封锁，这不利于在伸展或拆除枪托后装填霰弹。另外，僵硬的扳机以及较长的行程会损害其精确度。

基本参数	
制造商	KBP 仪器设计局
生产年限	1993 年至今
口径	18.53 毫米
全长	920 毫米
枪管长	528 毫米
重量	2.5 千克
有效射程	100 米
枪口初速	340 米 / 秒
供弹方式	管式弹仓
弹容量	6 ~7+1 发

装备特点

　　RMB-93 霰弹枪重量很轻但很坚固，可惜由于操作方式太过别出心裁而不受欢迎，因此销量不大好。战斗型的 RMB-93 配有聚合物前托和手枪形握把，并有可向前折叠在弹仓上面的钢制枪托。民用 / 狩猎型的 RMO-93 可配有类似的顶折叠金属枪托或木制枪托及半手枪形握把。

3.3 榴弹发射器

美国 M203 榴弹发射器

作为美军使用最广泛、性能最出色的榴弹发射器之一，在为枪支附加榴弹发射器时，M203 将是首选。M203 榴弹发射器被许多美国特种部队所采用，例如，著名的绿色贝雷帽和三角洲部队等。

性能解析

M203 采用附加型榴弹发射器的优点在于能够以单一武器发射子弹及榴弹，以有效增强士兵的火力，而且降低士兵的携行重量。在越战后期，M203 被认为是错误的替代品，是由于 M79 榴弹发射器比 M203 能在发射后更快速装填，而 M203 的瞄具也没有风偏调整。

装备特点

M203 是美国陆军为 40 毫米弹药而要求开发的单发下挂式榴弹发射器，用于提供给 M16 突击步枪及 M4 卡宾枪装备，其衍生型更可对应多种步枪，亦可装上手枪握把及枪托独立使用。

基本参数	
制造商	柯尔特公司
制造数量	50 000 个
生产年限	1970 年至今
口径	40 毫米
枪管长	305 毫米
重量	1.36 千克
有效射程	150 米（点杀伤）
枪口初速	76 米/秒
供弹方式	手动单发

美国 MK19 自动榴弹发射装置

MK 19 原为越战中美国海军巡逻艇上的武器之一，可由压倒性的火力牵制敌人的行动，其后美国陆军和其他兵种也装备该武器并作改良。

性能解析

MK 19 可由 2 人以上的步兵携带，也可安装在车辆上，其常用弹药为 M430 多用途高爆弹，具有 5 米致死范围及 15 米的伤害范围，对付步兵尤其有效，可在直射时击穿 2 寸厚的轧压均质装甲，因此 MK 19 在一定范围可对抗装甲运兵车，甚至是步兵战车。MK 19 的可靠性令它成为美军各种载具的主要武器，如悍马、两栖突击载具、史崔克装甲车、军用吉普车、全地型车辆、突击快艇、巡逻艇、直升机及大型船舰。

它采用后坐作用原理运作，即在扣动扳机后，榴弹会被送上枪管后端的膛室，枪机也随之前进，但在枪机完全前进到达定位前便会击发，而榴弹发射后的反冲力量，有一部分会被枪机前进的力量抵消。MK 19 所发射的弹药最小引爆距离为 75 米，其消焰器有效散去发射时喷出的烟雾以避免敌人发现，夜间作战时机匣顶部可安装 AN/TVS–5 夜视镜。

基本参数	
制造商	通用动力公司
生产年限	1960 年至今
口径	40 毫米
全长	1095 毫米
重量	62.43 千克（连 M3 三脚架）
射速	325~375 发 / 分
有效射程	1500 米
枪口初速	240.69 米 / 秒
供弹方式	弹链

装备特点

MK 19 榴弹发射器具有结构简单、可靠性与安全性高、适应性广等特点，成功地采用了固定弧形导轨供弹抛壳方式，减少了活动机件，取消了拉壳钩和抛壳挺，从而简化了结构提高了机构动作的可靠性与安全性。MK 19 已装备了美国陆军、空军、海军和海军陆战队，并销往以色列、韩国等国家。

俄罗斯 AGS-17 式榴弹发射器

AGS-17 是由俄罗斯 KBP 仪器设计局研制及生产的 30 毫米全自动型榴弹发射器，其设计的目的是摧毁敌方人员及载具，以保护使用方的步兵连。目前在俄罗斯等多个国家服役，但已经开始被 AGS-30 榴弹发射器取代。

性能解析

AGS-17 的榴弹都装在 1 个金属制的弹鼓内，并且以不可散式弹链连接在一起。使用时弹鼓会钩挂在机匣右侧以防止掉落。弹鼓标准容量为 30 发榴弹。AGS-17 可用直接或间接火力模式发射这种高稳定率的榴弹，对中、近距离内任何脆弱的表面目标或防御工事目标进行高度压制和致命打击。

装备特点

AGS-17 至今仍然是俄罗斯军队步兵部队使

基本参数	
制造商	KBP 仪器设计局
生产年限	1967 年至今
口径	30 毫米
全长	840 毫米
枪管长	290 毫米
重量	18 千克
射速	350~400 发 / 分
有效射程	800 米
枪口初速	185 米 / 秒
供弹方式	不可散式弹链

用的直接火力支援武器，主要提供给连级部队使用。AGS-17 使用后坐作用原理的枪机结构，以保持操作。每 1 发榴弹在发射时，都会从膛线枪管射出，并且会迅速运动以减少枪管的高压气体的压力。

俄罗斯 GP-25 式榴弹发射器

GP-25 是由俄罗斯 KBP 仪器设计局生产的单发 40 毫米附加型榴弹发射器系列，主要发射 40 毫米无弹壳榴弹。属于卡拉什尼科夫枪族。

性能解析

GP-25 枪管的顶部备有连接座，可以直接装在 AK-47 枪族的枪管（和通条）下方的刺刀座，且不需要任何工具。当然，装上了 GP-25 就无法同时装上刺刀（反之亦然）。为了减少后坐力，装上 GP-25 后可选择在步枪枪托上再装上一个缓冲垫。后方的支架可以协助使其稳固在步枪上而不会出现松脱，并且装有弹簧减震器，同样可以减少后坐力。

基本参数	
制造商	KBP 仪器设计局
生产年限	1978 年至今
口径	40 毫米
全长	323 毫米
枪管长	120 毫米
重量	1.5 千克
射速	单发
有效射程	150 米
枪口初速	76.5 米 / 秒
供弹方式	手动装填

装备特点

GP-25 可以加装到俄罗斯各种现役或新研制的步枪和冲锋枪上，安装时套在枪管上，把固定卡扣往里面压紧就可以使用，装卸时不需要使用工具，这是 GP-25 在 GP-15 上重要的改进之一，GP-25 既可平射也可以曲射，用于摧毁 50～400 米射程内暴露的单个或群体目标，或隐藏在障碍物后、掩体后、散兵坑内或小山丘背面的目标。

美国 XM307 榴弹发射器

　　XM307 是一种全自动榴弹发射器，发射 25×59 毫米 OCSW 高爆榴弹。相比其他的全自动榴弹发射器而言，XM307 的重量更轻，只需要 1~2 人便可以携带或者轻松地安装在机动车辆上。该榴弹发射器可在 2000 米内杀死敌军或者压制敌军火力，并且可在 1000 米内摧毁一些轻装甲型车辆、船只或者直升机。

性能解析

　　XM307 的主要优点在于它设计有特制液压缓冲系统。这个缓冲系统使得该榴弹发射器本身可以吸收不少的后坐力，因此就算没有使用其专用的大型三脚架或者沉重的沙包，都能够有效地使用。此外，由于这个缓冲系统会吸收后坐力和本身重量较轻，因此也可以将其装到较小型的载具上，例如，小型车辆和小型飞机上。XM307 的另外一个优点，就是它可以在 2 分钟以内转换为 XM312 重机枪，

基本参数	
制造商	通用动力公司
口径	25 毫米
全长	1 325.88 毫米
重量	19.05 千克
射速	250 发／分
有效射程	2 000 米
供弹方式	弹链／弹箱

该重机枪在前文已经提到。XM307 的火控系统能够以全自动方式操作，日夜皆可使用，该枪的使用不会受到任何地形所限制。

德国 HK GMG 榴弹发射器

HK GMG 是由 HK 公司研制的，主要供德国国防军使用，发射 40×53 毫米榴弹。

性能解析

HK GMG 配用的榴弹用钢制弹链联结使用，并且可以使用多个厂商开发的多种新型榴弹。枪机、复进簧及导杆、扳机与扳机连杆组成枪机组件，这种结构不仅便于不完全分解，还可防止分解后零件散落丢失，或者重新组装时错装。

装备特点

HK GMW 扳机为推杆式，2 个扳机相互联

基本参数	
制造商	HK 公司
生产年限	1995 年至今
口径	40 毫米
全长	1 090 毫米
枪管长	415 毫米
重量	28.8 千克
射速	340~360 发 / 分
有效射程	600 米
枪口初速	241 米 / 秒
供弹方式	弹链 / 弹箱

动，只要其中一个扳机前推，就可使枪机解脱，完成发射动，左右手均可射击。每个扳机外侧各装有 1 个竖直握把，便于发射时握持。

新加坡 CIS 40 AGL 榴弹发射器

CIS 40 AGL 是由新加坡特许工业公司于 1980 年自主研发的一种全自动榴弹发射器，发射 40×53 毫米榴弹。目前，该榴弹发射器除了装备新加坡本国的特种部队之外，墨西哥、泰国等国家也有少量采用。

性能解析

CIS 40 AGL 采用反冲式系统设计。在发射榴弹时，枪机呈开放式，拉动枪机拉柄使枪机后退，按下扳机后，榴弹送入膛室的同时，枪机也会跟着前进。但在枪机前进的途中便会击发，使得射击的反冲力量与枪机前进的力量抵消，最后借由反冲力量让枪机后退，并将空弹壳排出。CIS 40 AGL 主要由到新加坡共和国武装部队和其他几个国家的警察和安全部队所采用，另外还对外出口。

基本参数	
制造商	特许工业公司
生产年限	1980 年至今
口径	40 毫米
全长	966 毫米
枪管长	305 毫米
重量	33 千克
射速	350~500 发 / 分
最大射程	2 00 米
枪口初速	242 米 / 秒
供弹方式	M16A2 可散式弹链

B&T GL-06 是由瑞士布鲁加 – 托梅公司设计生产的肩射型榴弹发射器，专门供军队和执法机关使用，发射 40×46 毫米低速榴弹。

性能解析

B&T GL-06 榴弹发射器能执行多重战术任务，当使用非致命性弹药时，它能有效地完成对骚乱人群的控制和治安任务；而当装填高爆弹药时，它是一款可靠的地面战术支援武器。它使用大量聚合物替代早期的钢铁和铝合金材料，采用上摆式或侧摆式装填方式，对弹药的最大长度不再有严格限制，而且可加装光学瞄准镜。枪管与机匣是以钢制成，而枪托、手枪握把等多个部件则是以聚合物制成。

基本参数	
制造商	布鲁加 – 托梅公司
生产年限	2008 年至今
口径	40 毫米
全长	385 毫米
枪管长	280 毫米
重量	2.05 千克
射速	5~7 发 / 分
有效射程	300 米
枪口初速	85 米 / 秒
供弹方式	手动装填

装备特点

B&T GL-06 是一种专门给军队和执法机关使用的独立肩射型榴弹发射器。此外，还有一种特别设计于"不致命"版本的 GL-06，命名为 LL-06。虽然 LL-06 是 GL-06 的其中一种衍生型，但是最主要的分别就是枪身的部分颜色变为黄色，而且此武器完全能够发射所有低膛压的非致命性 40 × 46 毫米低速榴弹。

比利时 FN 40GL 榴弹发射器

　　FN EGLM 是由 FN 公司为 FN F2000 突击步枪开发的单发下挂式榴弹发射器，也可通过增加手枪握把及枪托配件改装成一个独立的肩射型榴弹发射器，发射 40×46 毫米低速榴弹。

性能解析

　　FN 40GL 由机匣、枪管、纯双动操作扳机座组成。其军用标准的坚硬铝合金制造枪管表面具有亚光黑的耐腐蚀处理，因此有高耐用性和重量轻等优势。枪管采用侧摆式中折式装填结构，枪管尾端可向左侧或右侧摆动以打开膛室，进行装弹或退壳操作，即使左撇子也可以灵活地操作。

装备特点

　　FN 40GL 被视为第三代榴弹发射器，这意味着它是一个多功能的榴弹发射器：它可以用以下挂于步枪以上使用，或是作为一个独立的系统。FN 40GL 采用纯双动操作扳机，通过扣压扳机完全释放击针、击发榴弹的动作，当出现首次未击发榴弹时，可快速补火射击。

基本参数	
制造商	FN 公司
生产年限	2000 年至今
口径	40 毫米
全长	514.35 毫米
枪管长	244.48 毫米
重量	1.14 千克
最大射程	625 米
枪口初速	75.89 米 / 秒
供弹方式	手动装填

3.4 冷兵器

美国 SOG S37 匕首

S37 匕首由美国 SOG 特种刀具公司和工具公司研制，原名 Knife 2000。

性能解析

S37 刀刃尾部有齿刃设计，方便切割绳索，刀身表面特别加上雾面防锈处理，不易反光，执行任务时有利于隐蔽。S37 的用途十分广泛，刀身设计着重于前端尖刺的部分，具备超强破坏力，同时也保留了锋利的刀刃。把手部分合乎手指的力道设计，经过严谨的测试，不但拥有十足

基本参数	
制造商	SOG 特种刀具公司
总长	31.4 厘米
刀刃长	17.8 厘米
重量	362.8 克
材质	AUS6 不锈钢

的防火功能，更可劈、砍、攻击、突刺，也可切割多种不同种类的绳索和线材。S37 使用时的噪声非常低，握刀手感舒适，比重恰当，可有效发挥使用者的力量。

装备特点

S37 是美国部队训练最严苛的海豹精英部队现役用刀。经由多方面测试并在美国官方过去经验的评价保证下，是从事特殊任务时的最佳选择配备。

俄罗斯 NRS 侦察匕首

NRS 侦察匕首也称为 NRS-2，主要特点是在多用途刀具中加入了射击装置。该匕首能够割断直径达 10 毫米的钢线。其采用绝缘刀鞘，可以用来切割电缆。此外，还可以当螺丝起子，或者用作其他目的。

性能解析

NRS 侦察匕首的刀柄中有枪膛和短枪管，可以装入 1 发 7.62×42 毫米 SP-4 特制受限活塞子弹（俄罗斯 PSS 微声手枪使用的子弹）。枪口位于匕首刀柄的尾部。反过来握住刀柄，扣压刀柄中的扳机就能发射子弹。横挡护手上的一个缺口充当简化的瞄准装置。滑动的保险栓可以防止意外走火。不过，这个射击装

基本参数	
制造商	图拉兵工厂
总长	284 毫米
刀刃长	162 毫米
刀身重	350 克
刀鞘重	270 克
枪口初速	约 200 米 / 秒
有效射程	25 米

置的实际作用让人质疑，为了正确射击，刀锋必须朝向射击者的喉咙。

装备特点

NRS 侦察匕首的刀身形状接近 AKM 步枪上配用的刺刀，表面镀有黑色铬层，刃尖锐利，成弧形过渡到刀背，刀背上有锯齿，可以锯断 10 毫米以下的金属丝。枪口位于刀柄尾端面，并被一个开缝的橡胶盖遮住，这是出于伪装的目的，以达到出其不意的效果。

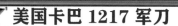

美国卡巴 1217 军刀

卡巴 1217 的军用型号是 USN Mark II，称为"卡巴"是因为由卡巴公司制作。该公司的历史可追溯到 1898 年，但直到二战时才大量为美军制造刀具，美国海军陆战队将卡巴 1217 作为标准的多用途刀。在战争期间，由于它可靠、实用，其他部队也陆续采用。在战争中，超过一百万把卡巴 1217 被制造出来，制造厂家包括 Ka-bar、Camillus、Pal、Robeson、Utica、Conetta 和 Ontario 等。

性能解析

自 1943 年服役以来，卡巴 1217 通过了一次又一次的实战检验，显赫战绩数不胜数。卡巴 1217 的刀身使用 1095 高碳钢制造，性能比较优秀，足以承担大部分的使用方式。卡巴 1217 设有血槽，握柄由纯牛皮压制而成，防水性佳，且具有相当程度的防滑性，还进行了防霉处理。握柄底端为一圆滑的铁环，除了可避免钩到或刮破衣服外，还常被当作铁锤使用。

基本参数	
制造商	卡巴公司
总长	30.48 厘米
刀锋长	17.46 厘米
厚度	4 毫米
宽度	3 厘米
材质	1095 高碳钢

装备特点

美国 Blade 杂志将卡巴 1217 刀列为 20 世纪最具代表性的 20 把刀之一。卡巴 1217 是美军自二战起至今仍沿用的军刀。从硫磺岛、冲绳岛，到朝鲜的冰天雪地、越南的东南亚丛林，直到海湾战争的战场，我们都可以看到它的身影。卡巴 1217 被誉为战场上永远的铁血英雄，满载着荣誉，有超过 50 年的历史。

美国 Strider BNSS 战术刀

Strider BNSS 给人的第一印象是它粗犷的外形和带有美式强悍风格的几何刀头，可以视为一把格斗版的工具刀。

性能解析

Strider BNSS 采用 S30V 钢材制造，这是一种高铬、高碳、高钼、低杂质的不锈钢，具有很高的硬度和韧性。在制作过程中，经过独特的淬火处理，其过程包括超高温热处理和零下温度淬火，以及增加韧性的特有回火流程。

基本参数	
制造商	Strider 刀具公司
总长	30 厘米
刀锋长	17.8 厘米
厚度	6 毫米
重量	560 克
材质	S30V 钢材

Strider BNSS 进行过表面氧化处理，非常坚固耐用，不需要刻意保养。由于主要是用于军事用途，所以 Strider BNSS 并不注重舒适度，其标准刀柄为外加缠绳，缠绳的材料有多种。缠有纤维尼龙绳的刀柄即便浸了油也能握得很紧，而且缠绳还能在某些情况下派上重要用场。Strider BNSS 刀尖的穿刺能力很强。可以在重型的挖掘和破障工作中，保持比较强的耐损性。具有多重功能。

美国 Buck184 军刀

Buck184 是美国巴克公司设计的一款求生刀，于 1984 年开始生产，并将首批 2600 把提供给美国海军"海豹"突击队使用。这批提供给"海豹"突击队的 Buck184 在刀刃靠近护手的地方印着"BUCK，184，U.S.A."的标记。到 1997 年停产时，Buck184 共生产了约 11 万把。

性能解析

Buck184 的护手极具特色，整个护手与刀刃方向垂直，两端略上翘，接近两端的位置各有一个用于安装圆钉的螺孔，为了保证圆钉和护手的连接强度，护手的厚度超过了 6 毫米。为避免硌手，棱的部分经过细致打磨。Buck184 的刀柄长度为 127 毫米，直径约 27 毫米，通体有 4 段滚花，以便握把牢固。手柄为中空式，可放入火柴、针等小应急用品。柄帽可沿螺纹拧上或打开，直径比手柄略大，内侧有凹槽，凹槽中套有橡胶环，以防止进水。

此外，Buck184 的中空刀柄还可以插入木棍，作为长矛使用。此外，柄帽上还有 1 片 4.5 毫米厚的钢片，钢片的一侧突出并下翘，上面设有系绳孔。钢片可以 360° 旋转，当绳子在系绳孔上时，再配合护手上的铆钉，可使整把刀拥有固定钩或锚的作用。

基本参数	
制造商	巴克公司
总长	31.7 厘米
刀锋长	19 厘米
厚度	0.7 厘米
宽度	3.8 厘米
重量	730 克

装备特点

Buck 184 的设计原则是在危急时刻为主人提供多种用途。刀插在地上可以建起链栅，刀鞘和缚带可以把刀固定在大腿上或足踝内侧，潜水时比较方便可靠。

德国 KCB77 刺刀

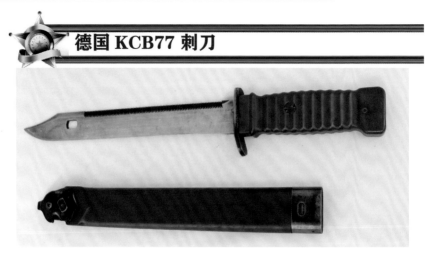

KCB77 是德国艾克霍恩·索林根公司于 20 世纪 80 年代研制的军用刺刀，曾参加 1986 年美国军用刺刀选型。艾克霍恩·索林根公司设计 KCB77 的目的在于：使军用匕首和刺刀除了具有切割和拼刺功能外，还应有更广泛的使用范围，如在野外环境中当作榔头、警棍、撬门和撬弹药箱的工具、地雷探针使用，或在国内治安行动中装在枪口上防止示威者从士兵手中夺枪。

性能解析

KCB77 的刀身和刀鞘均进行了防霉处理。刀鞘上有铁丝剪刃口和螺丝刀口，以及快速脱扣，刃口和刀口有着蓝宝石色的磨削表面，并由塑料套防护。塑料套可防止刀鞘驻笋和螺丝刀口挂到植物或金属线上，以减少给士兵带来的意外伤害。刺刀的刀身上有锯齿，刺刀的横挡护手处有瓶盖

基本参数	
制造商	艾克霍恩·索林根公司
总长	30.2 厘米
刀锋长	17.6 厘米
宽度	3.6 厘米
重量	300 克

起子，刀柄有为防止灰尘进入弹性卡子中的防护套，同时刀柄与电绝缘，绝缘电压可达 1 000 伏。

刀柄里还装有电压测量器，其工作范围在 70~400 伏。当剪断导线时电压测量器的小灯泡会亮。操作者让刀身接触剪断后的导线两端，便知道哪一端仍然带电。KCB77 刺刀被很多人认为是目前刺刀中的巅峰之作，为世界范围的特种部队所用。

美国 M9 多功能刺刀

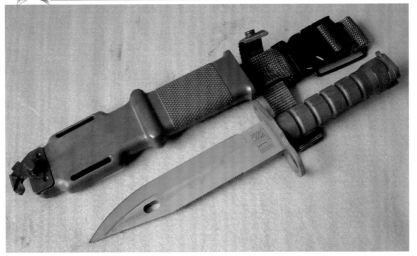

M9 多功能刺刀是继 M7 刺刀之后，美国为 M16、AR-15，G3 和 FNC 等北约制式枪械所研制并装备的新一代多功能刺刀。

性能解析

M9 刺刀的刀柄为圆柱形，用美国杜邦公司生产的橄榄绿色 ST801 尼龙制造，坚实耐磨；表面有网状花纹，握持手感好，而且绝缘。刺刀护手两侧有 2 个凹槽，是启瓶器的功能；刀柄尾部开一小卡槽，和 M7 式刺刀与枪的结合方法一样。该刀的刀鞘也用 ST801 尼龙制作。刀鞘上装有磨刀石，末端还有螺丝刀刃口，可作改锥使用。

基本参数	
制造商	菲罗比斯公司
总长	30.8 厘米
刀锋长	17.78 厘米
宽度	3.7 厘米
厚度	0.66 厘米
重量	810 克
生产数量	40.5 万把

装备特点

M9 刺刀是质量上乘的现代刺刀，功能多样，在野战中遇到意外能够使士兵化险为夷。时至 2000 年，Ontario 公司开始加入 M9 刺刀生产行列，仅生产橄榄绿色和黑色两种规格。

俄罗斯 AKM 多用途刺刀

AKM 多用途刺刀是苏联 AK–47 式步枪刺刀的改进型，世界多功能刺刀的鼻祖。该刀"刀 + 鞘 = 剪"的结构深深影响了以后各国多用途刺刀的设计，著名的德国 KCB 刺刀和美国 M9 刺刀都是它的派生。

与 AK–47 刺刀不同的是，AKM 刺刀装上刺刀座时刀刃是向上的，拼刺时主要是挑，而不是刺。它是一种多用途刺刀，不仅可装在枪上用于拼刺，也可取下作剪丝钳使用，还可锯割较硬的器物。目前，AKM 刺刀已经发展了三代，即 AKM1、AKM2 和 AKM3，其中 AKM3 仍在服役。

基本参数	
制造商	伊热夫斯克兵工厂和图拉兵工厂
总长	27.3 厘米
刀锋长	15 厘米
宽度	3 厘米
重量	438 克

性能解析

AKM 刺刀无论在设计、结构还是在使用性能上都比较成功。AKM2 全长 27.3 厘米，刃长 15 厘米，宽度为 3 厘米，厚度为 0.4 厘米；AKM3 全长 29 厘米，刃长 16.3 厘米，厚度为 0.3 厘米、宽度为 2.9 厘米。AKM 刺刀的刀柄和刀鞘本体是由高品质电木制成的，耐高压、高温、腐蚀，刀刃为高碳工具钢锻压生成，强度极高，可达 HRC62(洛氏硬度) 以上。将刀刃与刀鞘通过刀刃孔和刀鞘驻笋结合即可成为剪刀，可带电剪切电线。刀刃背面设计有锯齿和锉齿，在战场上可以提高士兵的破障能力。通过其护手上方的枪口定位环、握把中央内凸起和握把后卡笋可将刺刀与步枪连接，多点定位，非常结实。

装备特点

AKM 刺刀是世界上最早的多功能刺刀。这种刺刀目前仍装在 AK74 突击步枪和"德拉贡诺夫"狙击步枪上，刀柄、外形略有改进，一直使用至今。

美国幽灵 CLS 弓弩

"幽灵 CLS"运用了天魄的最新紧凑型弓片技术，让使用者得到平滑的击发感觉，发射时的振动极小，噪声也很低。

性能解析

该弩外表采用 Realtree 高仿真迷彩 APG 花形，并沿用天魄久经考验的扳机系统，各部件之间结合紧密有序，使弩的整体性能极为优异，不仅速度快，而且侵彻力强。

安全方面，该弩设有附加握柄保险：即使打开保险，若手部没有紧握弩托底部也无法发射，从而防止意外击发。另外，该弩内置上弦助力绞盘，可轻松地辅助上弦。

基本参数	
制造商	天魄公司
长度	97.16 厘米
宽度	52.39 厘米
重量	3.83 千克
箭速	104.5 米 / 秒
拉力	83 千克
扳机力	1.59 千克

美国隐形者 XLT 弓弩

　　"隐形者 XLT"也是天魄最著名的产品之一，采用专利 Rollertouch 扳机，打击行程约 29.85 厘米。该弩配备自动保险，上弦时即自动打开。与"幽灵CLS"一样，"隐形者 XLT"也内置了上弦助力绞盘，帮助使用者上弦。

基本参数	
制造商	天魄公司
长度	94.62 厘米
宽度	64.09 厘米
重量	3.32 千克
箭速	93 米 / 秒
拉力	65 千克
扳机力	2.27 千克

加拿大雌狐 II 弓弩

　　"雌狐 II" 是一款高效实用的弩，在保证质量和耐用性的前提下兼顾了经济性。专利的 3 磅扳机系统和可靠的反曲弓片使该弩达到了亚瑟公司标榜的精度。"雌狐 II" 的设计虽然更短、更轻、更加紧凑，即使是在最大型的狩猎活动中仍然具有足够的目标穿透力。"雌狐 II" 的标准瞄具为觇孔式，准星为军用荧光光纤并可选配各种瞄准镜。

基本参数	
制造商	亚瑟公司
长度	90.17 厘米
重量	2.68 千克
打击行程	34.29 厘米
箭速	86 米 / 秒
扳机力	1.4 千克
拉力	68 千克

加拿大马克思弓弩

　　"马克思"是亚瑟公司研制的威力最大的反曲弩，北美猎手几乎人手一把。经过多年不断创新设计与技术改进，亚瑟公司在不牺牲可靠性和精度的前提下，成功使反曲弩的箭速超过了 107 米 / 秒这一惊人速度。不过，威力惊人的弊端就是上弦不易，体型娇小的人就是使用助力绳也难以操作。"马克思"运用了专利 Realtree Hardwoodstm 真彩技术并经过"染料升华"印染术以达到最佳的迷彩效果。由于采用了亚瑟公司专利设计的击发系统，"马克思"的扳机引力只有 1.4 千克，为世界顶尖水平。

基本参数	
制造商	亚瑟公司
打击行程	41.91 厘米
箭速	107 米 / 秒
扳机力	1.4 千克
拉力	102 千克

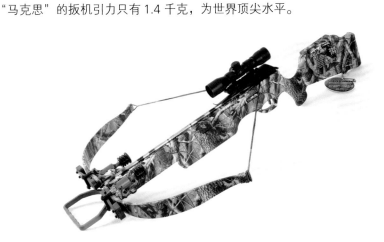

加拿大凤凰弓弩

　　"凤凰"采用了相对紧凑的设计，只有36.83厘米的打击行程却可以输出超过92.96米/秒的箭速，这造就了"凤凰"在同等体积的弓弩中佼佼者的地位。"凤凰"是那些既需要一款结构紧凑、重量较轻，但又不愿在穿透力和精度上让步的使用者最理想的选择。与"马克思"一样，"凤凰"也采用了专利Realtree Hardwoodstm真彩技术和"染料升华"印染术，迷彩效果颇佳。"凤凰"的标准瞄具为觇孔式，准星为军用荧光光纤并可选配各种瞄准镜。可以说，亚瑟公司大多数经典设计都在"凤凰"上体现了出来。

基本参数	
制造商	亚瑟公司
打击行程	36.83厘米
箭速	92.96米/秒
扳机力	1.4千克
拉力	79.38千克

加拿大旋风弓弩

　　"旋风"是亚瑟公司于2007年推出的一款设计前卫，功能卓越的新产品。该弩使用最新孔型握把设计，符合人体工程学的同时也更加坚固耐用，足以应对最艰苦的环境。

　　"旋风"无须凝视便可精确瞄准，高达101米/秒的箭速和增加了15%的打击力量使得箭道更加稳定，目标穿透力也得到了大幅度提升。外形上，"旋风"运用新专利Realtree AP真彩技术，再经过"染料升华"印染术达到最佳的迷彩效果。标准瞄具为觇孔式，准星为军用荧光光纤并可选配各种瞄准镜。

基本参数	
制造商	亚瑟公司
打击行程	38 厘米
箭速	101 米/秒
扳机力	1.4 千克
拉力	104.32 千克

英国野猫弓弩

英国巴力公司拥有四十多年的历史，无论是在其发源地英格兰还是在移师美国后的今天，它都以高性价比的产品位居世界弓弩行业的领导地位。巴力公司专业的研发团队一直是弓弩新技术应用领域中的开拓者，他们制造了世界上第 1 支复合式弓弩 DEMO。数十年来，巴力公司的产品销量一直居于世界前列，其产品的定位属于中端产品，但近年来也积极开拓高端市场。

基本参数	
制造商	巴力公司
打击行程	33.02 厘米
箭速	97.54 米 / 秒
扳机力	2.04 千克
重量	2.68 千克

性能解析

在巴力公司的所有产品中，最为畅销的要数"野猫"。该弩秉承巴力公司的传统制造精神，在体积、重量和性能上达到了完美的平衡。

巴力公司始终没有放弃改进"野猫"，最新应用的技术包括高密度防油复合弩托，它能在减轻弩身重量的同时将绞盘上弦系统（选配件）完全隐藏在弩托内，从而达到一体化效果，该技术有史以来第一次被应用在弓弩上。借助全新设计的方形弩片、高效的 CNC 滑和凸轮组合以及动力弓绳系统，使自重为 2.68 千克、打击行程仅有 33.02 厘米的"野猫"可以达到 97.54 米 / 秒的箭速。此外，"野猫"的价格也比较便宜，仅 1 000 美元左右。

Chapter 04

交通工具

　　特种部队深入敌后行动必须隐蔽、快速、机智。另外，他们需要有极强的快速反应能力，在暗夜掩护下用运输机、直升机甚至滑翔机空运、空投到敌后执行各种特殊任务。除了特种作战飞机和特种作战车辆，特种作战舰艇也是必不可少的，特别是对于一些海军特种部队来说，舰艇和潜水装备是实现快速渗透的不二法宝。

4.1 特 战 飞 机

美国MH-47"支奴干"直升机

　　MH-47"支奴干"的外貌特征有：双螺旋桨结构，2台涡轮轴发动机，机身凸出，有固定的轮式起落架等。

▌▌▌▷ 性能解析

　　MH-47具有全天候飞行能力，可在恶劣的气候条件下完成任务。可进行空中加油，具有远程支援能力。部分型号的机身上半部分为水密隔舱式，可在水上起降。该机还具有一定的抗毁伤能力，其玻璃钢桨叶即使被23毫米穿甲燃烧弹和高爆燃烧弹射中后，仍能安全返回基地。MH-47的运载能力极强，可运载33~35名全副武装的士兵，或运载1个炮兵排，还可吊运火炮等大型装备。

基本参数	
制造商	波音公司
制造数量	1179架以上
机长	30.1米
机高	5.7米
旋翼直径	18.3米
最大起飞重量	22 680千克
最大速度	315千米/时
最大航程	2060千米
实用升限	5640米
爬升率	10.1米/秒

▌▌▌▷ 装备特点

　　MH-47是由CH-47系列飞机发展而来，为适应新要求加装了空中受油系统，快速滑降装置和其他一些升级和特种装备。MH-47可在多种复杂气象条件下执行秘密武装渗透、撤离、空中突击、补给，以及索降作业等多种任务。作为一种重型直升机，MH-47可以在船只甲板、高层建筑甚至是水面进行作业，一般的伤员后送、伞降、战斗搜救也可以轻松胜任。机组人员有了特种装备和夜视仪，在能见度很低的情况下，也可以凭借精确的导航在低海拔的各种地形上执行作战任务。

美国 MH-53J "铺路洼" 直升机

　　MH-53J "铺路洼" 是美国西科斯基公司研制的一种远程纵深突破直升机，能在恶劣的气候条件下作战，主要用于运送和补给特种部队、搜索和救援失事飞机和人员。

▌▌▌▶ 性能解析

　　MH-53J 直升机装备了地形跟踪回避雷达、先进的传感器和 GPS 导航系统，它甚至能在恶劣的天气情况下，使用机上任务地图显示系统，在距离地面仅 30 米的空中超低空飞行，越过各种地面障碍。MH-53J 能够降落在轮船上，主旋翼和尾桨均为金属自动润滑结构。机上有 37 个运兵座位或 14 张运送伤员的躺床。它的外置挂钩能够吊起 9072 千克的重物。

基本参数	
制造商	西科斯基公司
乘员	37 人
机长	26.9 米
机高	7.6 米
旋翼直径	22.2 米
空重	14 515 千克
最大起飞重量	22 680 千克
最大速度	264 千米 / 时
最大航程	1 134 千米
实用升限	6 200 米

▌▌▌▶ 装备特点

　　为适应低空全天候渗透任务，MH-53J 装备了地形跟踪回避雷达和前视红外夜视系统，并装有任务地图显示系统。此外，MH-53J 还装备了惯性全球定位系统、多普勒导航系统、任务计算机。借助这些设备，MH-53J 能准确地自行导航和进入目标区域。

美国 MH-60K "黑鹰" 直升机

MH-60K "黑鹰" 直升机的特点是：肩并肩驾驶座椅，机身安装有方形玻璃，右舷尾桨，以及在尾鳍基处有全尾翼等。

性能解析

MH-60K 作为突击运输直升机在执行低飞作战任务时，极易遭受地面火力攻击，故该机在提高生存力方面采取了很多措施。例如，其机身及旋翼在制造上大量使用各类防弹材料，驾驶舱和发动机的关键部件均设有装甲：2 台发动机由机身隔开，相距较远，如有一台被击中损坏，另一台仍可继续工作。

该机的抗坠毁措施尤其值得一提，它采用的固定式抗坠毁起落架、机身下部的蜂窝状填料以及高效减震座椅等，据说可保证机体在 30 米高度以 8 米/秒左右速度着地时，最终传到乘员身上的撞击动能已被逐级减至人体可承受的水平。同时该机的坠毁传感器和易断连接器可以立即切断电气系统，防渗漏燃油管路及自封油箱将保证坠机后不致因漏油而失火。

基本参数	
制造商	西科斯基公司
乘员	12 人
机长	19.76 米
机高	5.13 米
旋翼直径	16.36 米
空重	4 819 千克
最大起飞重量	11 113 千克
最大速度	357 千米/时
最大航程	2 220 千米
实用升限	5 900 米
爬升率	3.6 米/秒

装备特点

MH-60K "黑鹰" 直升机是美国陆军第 160 特种航空团的重要作战装备，专门执行特种作战任务。与普通型 "黑鹰" 不同的是，MH-60K 配备有夜视系统、红外前视观测系统、热焰弹发射器和先进的电子传感器，可有效提高战场生存能力。此外，这款 "黑鹰" 航程较远，可搭载 12 名士兵（正好是一个步兵班）连续飞行 1200 公里而无须空中加油。功能强大，堪称黑鹰系列的终极版本。

美国 AH-6 "小鸟" 武装直升机

AH-6 "小鸟" 是休斯直升机公司研制的武装直升机。

性能解析

作为一款轻型攻击平台，AH-6 机身左侧装有 XM27E/M134 "加特林" 机枪，机身右侧装有 M260 七管 69.85 毫米折叠式尾翼空射火箭舱。AH-6 全身以无光黑色涂料涂装，方便借着黑夜的掩护执行特战任务。为了便于运输，AH-6 的尾梁可折叠。在机舱内可选装油箱，容量为 110 升或 236 升。AH-6 系列的发动机有多种不同型号，如 AH-6C 的 309 千瓦 "埃尔森" T63-A-720 发动机、AH-6M 的 478 千瓦 250-C30R/3M 发动机。

基本参数	
制造商	休斯直升机公司
机长	9.94 米
机高	2.48 米
旋翼直径	8.3 米
乘员	6 人
空重	722 千克
最大起飞重量	1 610 千克
最大速度	282 千米 / 时
最大航程	430 千米
最大升限	5 700 米

装备特点

大名鼎鼎的美军第 160 特种作战航空团主力装备之一便是 AH-60 "小鸟" 直升机。AH-6 虽然小，用途却很广泛，可执行如训练、指挥和控制、侦察、轻型攻击、反潜、运兵和后勤支援等任务，空中救护型可载 2 名空勤人员、2 副担架和 2 名医护人员。在民间和军界都受到极大地欢迎，从 1968 年至今已经生产了 35 年，行销数十个国家。

美国 AH-64 "阿帕奇"直升机

AH-64 "阿帕奇"是由美国麦克唐纳·道格拉斯公司（现波音公司）制造的全天候双座武装直升机，作为 AH-1 "眼镜蛇"的后继机种。该机是目前美国陆军仅有的一种专门用于攻击的直升机，其最先进的改型为 AH-64D "长弓阿帕奇"。

性能解析

AH-64 的主要武器为 1 门 30 毫米 M230 "大毒蛇"链式机关炮，备弹 1200 发。该机有 4 个武器挂载点，可挂载 16 枚 AGM-114 "地狱火"导弹，或 76 枚 Hydra 70 FFAR 火箭弹（4 个 19 管火箭发射巢），也可混合挂载。此外，改进型号还可使用 AIM-92 "刺针"、AGM-122 "侧投"、AIM-9 "响尾蛇"、BGM-71 "拖"式等导弹。

装备特点

AH-64 武装直升机现已被世界上 13 个国家和地区使用，因其卓越的性能、优异的实战表

基本参数	
制造商	波音公司
制造数量	1 000 架以上
乘员	2 人
机长	17.73 米
机高	3.87 米
旋翼直径	14.63 米
空重	5 165 千克
最大起飞重量	10 433 千克
最大速度	293 千米 / 时
最大航程	1 900 千米
实用升限	6 400 米
爬升率	12.7 米 / 秒

现，AH-64 武装直升机自诞生之日起，一直是世界上武装直升机综合排行榜第 1 名。AH-64 的主要特点在于火力强，它以反坦克导弹为主要武器，另外还有机炮和火箭等。它的装甲防护和弹伤容限及适坠性能好，而且飞行速度快，作战半径大，可达 200 千米左右，具有"一机多用"的能力。

俄罗斯 米–24 "雌鹿" 直升机

　　米–24 是由苏联米里直升机设计局研制的第一代专用武装直升机，北约代号为"雌鹿"。该机不但具有强大的攻击火力，而且还有一定的运输能力。

性能解析

　　米–24 机身为全金属半硬壳式结构，驾驶舱为纵列式布局。前座为射手，后座为驾驶员。后座比前座高，驾驶员视野较好。座舱盖为铰接式，向右打开。驾驶舱前部为平直防弹挡风玻璃，重要部位装有防护装甲。主舱设有8 个可折叠座椅，或 4 个长椅，可容纳 8 名全副武装的士兵。主舱两侧各有 1 个铰接舱门，水平分开成 2 部分，可分别向上和向下打开。舱内备有加温和通风装置。米–24 的主要武器为 1 挺 12.7 毫米"加特林"4 管机枪。该机有 4 个武器挂载点，可挂载 4 枚 AT–2"蝇拍"反坦克导弹，或 128 枚 57 毫米火箭弹（4个 UV–32–57 火箭发射器）。

基本参数	
制造商	米里直升机设计局
制造数量	2 300 架以上
乘员	8 人
机长	17.5 米
机高	6.5 米
旋翼直径	17.3 米
空重	8 500 千克
最大起飞重量	12 000 千克
最大速度	335 千米 / 时
最大航程	450 千米
实用升限	4 500 米
爬升率	12.5 米 / 秒

装备特点

　　米–24 延续了米–8 宽大的机身，有 1 个装 8 名步兵的运兵舱，这是米–24与 AH–1 为代表的西方武装直升机的重大差异。这一运兵舱使得米–24 能先以自身火力压制地面敌军，然后迅速将步兵空投到特定区域，非常适合用于陆军部队协同空降作战。但这也使得米–24 机体臃肿，比 AH–1 要硕大得多，飞行性能下降，被敌方命中的概率增大。

俄罗斯 米-26"光环"通用直升机

米-26"光环"是米里直升机设计局研制的双发重型运输直升机。

性能解析

米-26是第1架旋翼叶片达8片的重型直升机，有2台发动机并实施载荷共享。它的质量只比米-6略重一点，却能吊运20吨的货物。米-26货舱空间巨大，如用于人员运输可容纳80名全副武装的士兵或60张担架床及4~5名医护人员。货舱顶部装有导轨并配有2个电动绞车，起吊质量为5吨。米-26具备全天候飞行能力，可以远离基地到完全没有地勤和导航保障条件的地区独立作业。

基本参数	
制造商	米里直升机设计局
机长	40.03 米
机高	8.15 米
旋翼直径	32 米
乘员	80 人
空重	28 200 千克
最大起飞重量	56 000 千克
最大速度	295 千米/时
最大航程	1 920 千米
最大升限	4 600 米

装备特点

米-26直升机是继米-6和米-10以后发展的重型运输直升机，也是当今世界上最重的直升机。米-26直升机具有极其明显的军事用途，米-26往往需要远离基地到完全没有地勤和导航保障条件的地区独立作业，因此，要求直升机必须具备全天候飞行能力。2011年3月俄罗斯正希望将其米-26重型直升机升级至新型号，该型直升机目前正在为竞争印度合同进行飞行测试。

俄罗斯米–28"浩劫"武装直升机

米–28"浩劫"是米里直升机设计局研制的单旋翼带尾桨全天候专用武装直升机。

性能解析

米–28是世界上唯一的全装甲直升机，特别强调飞行人员的存活率。机身为全金属半硬壳式结构，驾驶舱为纵列式布局，四周配有完备的钛合金装甲。前驾驶舱为领航员/射手，后面为驾驶员。座椅可调高低，能吸收撞击能量。旋翼系统采用半刚性铰接式结构，桨叶为5片。米–28的主要武器为1门30毫米机炮，另有4个武器挂载点，可挂载16枚AT–6反坦克导弹，或40枚火箭弹（2个火箭巢）。动力装置为2台克里莫夫设计局TV3–117发动机，单台功率为1640千瓦。

基本参数	
制造商	米里直升机设计局
机长	17.01 米
机高	3.82 米
旋翼直径	17.2 米
乘员	2 人
空重	8 100 千克
最大起飞重量	11 500 千克
最大速度	325 千米/时
最大航程	1 100 千米
最大升限	5 800 米

装备特点

由于米–28和卡–50都是为竞争新一代俄罗斯战斗直升机的合同而开发的，两者一出生就是死敌。在这一竞争中，卡–50凭借独特的设计首先占了上风，米里直升机设计局也不甘示弱大力改进米–28，研制出了米–28N。米–28N吸收了米–28直升机的优点，有大推重比和较强的战斗生存力，最突出的特点是它在夜间和恶劣环境下的战斗力大大提高。

美国 AH-1 "眼镜蛇" 直升机

AH-1 "眼镜蛇" 是由美国贝尔直升机公司研制的第一代武装直升机，由 UH-1 "伊洛魁" 发展而来。该直升机的主力位置现已被 AH-64 "阿帕奇" 完全取代，但仍有改进型号正在服役。

性能解析

AH-1 的主要武器为 1 门 20 毫米 M197 3 管 "加特林" 机炮（备弹 750 发），弹药包括 M56 爆破弹、M56AI 爆破燃烧弹、M53AI 穿甲燃烧弹、M55AI 训练实心弹、PGU-28/B 穿甲爆破弹等。该机有 4 个武器挂载点，可按不同配置方案选挂 BGM-71 "拖" 式反坦克导弹、AGM-114 "地狱火" 空对地导弹、AIM-9 "响尾蛇" 空对空导弹、AGM-122A "响尾蛇" 反辐射导弹，以及不同规格的火箭发射巢和机枪吊舱等。

基本参数	
制造商	贝尔直升机公司
制造数量	1116 架
乘员	2 人
机长	13.6 米
机高	4.1 米
旋翼直径	14.63 米
空重	2 993 千克
最大起飞重量	4 500 千克
最大速度	277 千米 / 时
最大航程	510 千米
最大升限	3 720 米
爬升率	8.2 米 / 秒

装备特点

AH-1 在 20 世纪 60 年代是世界上第一种反坦克直升机。其飞行与作战性能好、火力强，被许多国家采用，几经改型并经久不衰。由于 AH-1 "眼镜蛇" 直升机缺乏夜间瞄准系统，这就严重限制了它在夜间和恶劣天气条件下的行动，并无法利用 "狱火" 导弹的远距离投射能力。缺乏机载激光指示器也是 1 个不足之处。除此之外，AH-1 直升机还不具备先进的导航系统。因此，AH-1 进行了多种改型。

欧洲"虎"式武装直升机

　　"虎"式是由欧洲直升机公司研制的武装直升机，目前德国、澳大利亚、法国、西班牙等国都有装备。

性能解析

　　"虎"式武装直升机装有1门30毫米机炮，另可搭载8枚"霍特2"或新型PARS-LR反坦克导弹、4枚"毒刺"或"西北风"红外巡航空对空导弹。此外，还有2具22发火箭吊舱。

　　"虎"式直升机能够抵抗23毫米自动炮火射击，其旋翼由可以承受战斗破坏和鸟击的纤维材料制成，并且针对雷电和电磁脉冲使用了嵌入铜、青铜网格和铜线连接箔进行防护。该机的机载设备较为先进，视觉、雷达、红外线、声音信号都减至最低水平。"虎"式直升机采用2台博梅卡－罗尔斯罗伊斯生产的MTU MTR390涡轴发动机，每台功率为873千瓦。有些改进型使用增强发动机，如HAD型和其中一些UHT型。

基本参数	
制造商	欧洲直升机公司
制造数量	206架以上
乘员	2人
机长	14.08米
机高	3.83米
旋翼直径	13米
空重	3 060千克
最大起飞重量	6 000千克
最大速度	315千米/时
最大航程	800千米
最大升限	4 000米
爬升率	10.7米/秒

装备特点

　　"虎"式直升机外形尺寸小，广泛采用复合材料，提高了其隐身性。在经济性方面，"虎"式武装直升机不仅价格低，而且使用维护费用也少。从发展过程特点来看，"虎"式武装直升机在研制过程中，其论证阶段达10余年之久，可以说是世界军用直升机发展史上在论证、决策上持续时间最长的机型之一。

英国 AW159 "野猫"直升机

AW159 "野猫"是英国阿古斯特·韦斯特兰公司在"山猫"直升机的基础上研制的新型武装直升机，早期命名为"未来山猫"，最后正式定名为"野猫"。

性能解析

"野猫"武装直升机主要用于反舰、武装保护和反海盗等任务，同时还具备反潜作战能力。该直升机虽然是在"山猫"的基础上改进而来，但两者的差异极大。"野猫"有 95% 的零部件是新设计的，仅有 5% 的零部件可与"山猫"通用，包括燃油系统和主旋翼齿轮箱等。

在外形方面，"野猫"的尾桨经过重新设计，耐用性更强，隐身性能也更好。"野猫"采用 2 台 LHTEC CTS800 涡轮轴发动机，单台功率为 1016 千瓦。该直升机的主要武器为 FN MAG 机枪（陆军版）、CRV7 制导火箭弹和泰利斯公司的轻型多用途导弹。海军版装有勃朗宁 M2 机枪，还可搭载深水炸弹和鱼雷。

基本参数	
制造商	阿古斯特·韦斯特兰公司
制造数量	62 架
乘员	2 人
机长	15.24 米
机高	3.73 米
旋翼直径	12.8 米
最大起飞重量	6 000 千克
最大速度	291 千米/时
最大航程	777 千米
续航时间	1.5 小时

装备特点

阿古斯特·韦斯特兰公司在 2012 年 7 月 11 日举行的英国范堡罗航展上向英国国防部交付首架 AW159 "野猫"直升机。英国陆军和皇家海军向阿古斯特·韦斯特兰公司订购了 62 架"野猫"直升机，用于替换其现有的"山猫"系列的老式型号。首批"野猫"首先交付给陆军使用，皇家海军则于 2013 年接收首架机。

美国 S-97 "侵袭者"直升机

S-97 "侵袭者"是美国西科斯基公司于 2010 年开始研制的新型武装直升机,在直升机领域具有划时代意义,它最大限度地保留了直升机的优点,还弥补了直升机的先天缺陷。

性能解析

S-97 直升机采用共轴对转双螺旋桨加尾部推进桨的全新设计,能以超过 370 千米 / 时的速度巡航,执行突击任务时其速度能进一步提升到 400 千米 / 时以上。由于现有的直升机在飞行时会发出极大的噪声,因此在战场上根本无法进行有效的偷袭,这种缺点也极大地限制了直升机在战场上的生存力和使用范围。这种局面很有可能被 S-97 直升机打破。

基本参数	
制造商	西科斯基公司
乘员	2 人
机长	11 米
最大起飞重量	4 990 千克
最大速度	444 千米 / 时
最大航程	570 千米
最大升限	3 048 米
巡航速度	407 千米 / 时

据西科斯基公司负责人称,S-97 直升机另类的尾桨设计能够确保直升机具备非常出色的静音性。S-97 直升机在飞行速度、安静性等方面大幅超越了传统的军用直升机,加上其具备火力打击和运兵双重能力,在未来战争中大有用武之地。

装备特点

S-97 高速直升机通过尾部的螺旋桨提供向前飞行的动力,因此飞行速度远超过传统的直升机。S-97 "侵袭者"在特种行动任务中大有用处,同时它还可以作为更大型化的美国陆军"未来多用途直升机替换项目"的验证机,将来可能替换现役的"黑鹰"直升机。

美国 F-15 战斗机

F-15 是全天候、高机动性的战术战斗机。

⬤ 性能解析

早在 20 世纪 40 年代就有人认为，随着战斗机速度的提高和可用过载增大，使得先进战斗机进行空战机动变得不可能——然而直到 F-15 的出现，战斗机的亚音速可用过载仍未达到人体所能承受的极限。F-15 的设计思想是替换在越南战场上问题层出的 F-4 战斗机，并要求新 F-15 对 1975 年之后出现的任何敌方战斗机保持绝对的空中优势，针对夺取和维持空中优势而诞生的 F-15 战斗机，设计之初要求其"没有一磅重量用于对地"。但 1986 年诞生的F-15E 鹰式战斗机也证明了 F-15 在对地作战中也有非常不错的表现，总的来说，F-15 是一款极为优秀的多用途战斗机。

基本参数	
制造商	麦克唐纳·道格拉斯公司
服役时间	1976 年至今
乘员	2 人
机高	5.68 米
机长	19.43 米
翼展	13.03 米
最大速度	3 000 千米/时
空重	12 700 千克
最大升限	18 300 米

⬤ 装备特点

F-15 鹰式战斗机是美国麦克唐纳·道格拉斯公司为美国空军研制生产的双引擎、全天候、高机动性空中优势重型战斗机，是世界上第一种成熟的第四代战斗机。F-15 服役至今近 40 年，总生产数量 1 200 余架，各种改型数十种，外销 6 个国家。参加大小战争 100 余场，击落敌机 100 余架，没有一架在战场上被击落的纪录。是美国空军的主力空优战斗机，并且还要继续服役下去。

美国 F-16 战斗机

　　F-16 原先要设计成一款轻型战斗机，辅助美国空军主流派心目中的主力战机 F-15，形成高低配置，后来才演化为多功能喷射战斗机。

性能解析

　　在设计上 F-16 针对越南战争空战经验大幅度优化视距内格斗性能，是美国首先采用线传飞控、人体工程学座舱的战斗机之一。从 F-16A/B 型 Block 15 批次开始，F-16 进行了多用途化改进，具备了夜战能力和发射空地导弹、反舰导弹等对面打击能力，成为多用途战斗机。

装备特点

　　F-16 是世界上最成功的轻型战斗机种之一。它不仅有优良的飞行性能和远程作战能力，空战能力也同样突出，兼有良好的对地攻击能力。飞机的可靠性和可维护性能好，改进发展潜力大。由于 F-16 先进的性能、多样化的作战能力、充分的改进余地，美国空军计划在 21 世纪的头 25 年内继续使用和改进 F-16 战斗机。

基本参数	
制造商	通用动力 / 洛克希德公司
服役时间	1978 年至今
产量	4 200 架以上
乘员	2 人
机高	5.09 米
机长	15.02 米
翼展	9.45 米
最大速度	2 173 千米 / 时
空重	8 272 千克
最大升限	15 240 米

法国"阵风"战斗机

"阵风"战斗机是法国达索公司研制的一款双发、三角翼、高灵活性的多用途战机,该机于2001年开始服役,并有海军舰载型。

性能解析

"阵风"战斗机由于采用了先进的气动布局,低速性能非常出色,其最低速限制设定在190千米/时,降落速度可低至213千米/时,在航空展中甚至会以150千米/时的速度飞行。此外,该机在超音速飞行方面的表现也较为优秀,能在携带4枚导弹和1个外挂油箱(1250升)时作超音速巡航,这得益于它采用的2具SNECMA制M88-2喷气式发动机。这种发动机的单台静推力为48.7千牛,加力后可达72.9千牛,备选的M88-3型发动机的加力推力可达87千牛。

在航电方面,"阵风"装备了RBE2无源电子扫描雷达,这种雷达具备同时跟踪8个目标的能力,并自动评估目标的威胁程度,排定优先攻击顺序。此外,该机还有1套综合电子战系统Thales SPECTRA,该系统可提高战机在面对空中或地面威胁时的生存率。阵风战斗机的武器除固定的30毫米机炮外,其14个武器挂架(M型只有13个)还能挂载魔术2导弹、云母导弹、流星导弹等空对空导弹以及阿帕奇远距离反跑道撒布器、风暴之影巡航导弹、模组化空对地武器、铺路者II激光导引炸弹、飞鱼反舰导弹和Air-Sol Moyenne Portee中程空对地导弹和空对舰导弹,并能携带副油箱和各种战术夹舱。

基本参数	
制造商	达索公司
制造数量	101 架以上
机长	15.27 米
机高	5.34 米
翼展	10.8 米
空重	9 500 千克
最大起飞重量	24 500 千克
最大速度	2 130 千米 / 时
最大航程	3 700 千米
最大升限	16 800 米

装备特点

"阵风"战斗机是第四代半战斗机,该机真正的优势还是在于多用途作战能力,它既能进行空中格斗,又能对地攻击,还能作为航母舰载机,甚至可以投掷核弹。这款战机是世界上"功能最全面"的,不仅海空兼顾,而且空战和对地、对海攻击能力都十分强大。世界上真正属于这类"全能通用型战斗机"的新型战机,除"阵风"外,只有美国现役的F/A-18E/F,以及尚未列装的F-35。

美国 C-17 "环球霸王Ⅲ" 运输机

  C-17 "环球霸王Ⅲ" 是美国麦克唐纳·道格拉斯公司生产的军用运输机。适用于快速将部队部署到主要军事基地或者直接运送到前方基地的战略运输，必要时也可胜任战术运输和空投任务。

性能解析

  C-17 的货舱宽度为 5.49 米，长 26.82 米（包括货舱门部分），高 3.8 米（最高处 4.11 米）。货舱宽度可并列 3 辆吉普车，2 辆卡车或 1 辆 M1A2 坦克，也可装运 3 架 AH-64 "阿帕奇" 武装直升机。在执行空投任务时，可空投 27 215~49 895 千克货物，或 102 名全副武装的伞兵和 1 辆 M1 主战坦克。C-17 货舱门关闭时，舱门上还能承重 18 150 千克，相当于 C-130 "大力神" 全机的装载量。

基本参数	
制造商	麦克唐纳·道格拉斯公司
制造数量	212 架以上
乘员	102 人
机长	53.04 米
机高	16.79 米
翼展	51.81 米
最大起飞重量	265 500 千克
最大速度	830 千米/时
最大航程	11 600 千米
最大升限	13 700 米

可靠性和易维护性是 C-17 的两个主要特点。当今的运输任务对运输机的可靠性和维护性都有严格的要求，美国军方提出至少保证 92% 的可出勤率，每一飞行小时低于 20 小时的地面维护，满负荷任务完成率 74.7%，部分负荷任务完成率 82.5%，C-17 完全能够达到这一要求。

另外，C-17 对起落环境的要求极低，最窄可在 18.3 米宽的跑道上起落，能在 90×132 米的停机坪上运动。该机的反向推力装置在飞机静止时也可以启动，可以使飞机在 27.5 米宽的跑道上完成 180°的转弯，也能在倾斜度低于 2% 的斜坡上后退。

装备特点

C-17 的作战范围和功能涵盖了过去的 C-5 运输机所具备的一切，融合战略和战术空运能力于一身，是当今世界上唯一可以同时适应战略、战术任务的运输机。这种固有的灵活性和性能帮助美军大大提高了全球空运调动部队的能力。

美国 F-117 "夜鹰" 攻击机

F-117 "夜鹰" 是洛克希德·马丁公司研制的隐身攻击机。

性能解析

　　F-117 由 2 台通用电气 F404 无后燃器型涡轮扇发动机提供动力，并配有四重线传飞控系统。为了达到隐身目的，F-117 牺牲了 30% 的引擎效率，并采用了 1 对高展弦比的机翼。由于需要向两侧折射雷达波，F-117 还采用了很高的后掠角的后掠翼。为了降低电磁波的发散和雷达截面积，F-117 没有配备雷达。导航系统主要由全球卫星定位系统 GPS 和高精确性的惯性导航装置组成。理论上，F-117 几乎能携带任何美国空军军械库内的武器，包含 B-61 核弹。只有少数的炸弹因为体积太大，或是和 F-117 的系统不相容而无法携带。

基本参数	
制造商	洛克希德·马丁公司
机长	20.09 米
机高	3.78 米
翼展	13.20 米
乘员	1 人
空重	13 380 千克
最大起飞重量	23 800 千克
最大速度	993 千米 / 时
最大航程	1 720 千米
最大升限	13 716 米

装备特点

　　F–117 是世界上第一种可正式作战的隐身战斗机。在海湾战争中，F–117 名声大噪。据报道，F–117 在沙漠风暴行动期间执行危险任务共 1271 次，而无一受损。整个战争期间，F–117 承担了攻击目标总数的 40%，投弹命中率 80%~85%。

美国 AC-130 "空中炮艇" 攻击机

由于 AC-130 可提供猛烈而持续的火力，美英特种部队在阿富汗执行"定点清除"任务时，经常召唤这种攻击机。在阿富汗南部执行任务的英国陆军特别空勤团和皇家海军特别舟艇中队将 AC-130 称为"幽灵"，因为 AC-130 一直在敌人当中散布恐惧。

性能解析

AC-130 其实算不上高技术兵器，仅是在普通的 C-130 运输机上加装火炮改进而来。在对付没有战斗机并缺乏防空火力的小股武装力量时，这种笨重火力平台就能发挥出巨大威力，为地面部队提供强大的火力支援。AC-130 配备了各种不同口径的机炮，包括后期机所搭载的博福斯炮或榴弹炮等重型火炮，并且美军还在不断强化 AC-130 的攻击火力与战场生存率。由于机上装置有大量的武器与设备，AC-130 是美国空军所有拥有攻击武力的机种中操作人员数最多的 1 架，其中 AC-130U 需要 13 名人员，比 AC-130U 多 1 门机炮的 AC-130H 则需要 14 名人员。

基本参数	
制造商	洛克希德·马丁公司
制造数量	43 架
机长	29.8 米
机高	11.7 米
翼展	40.4 米
最大速度	602 千米/时
最大升限	7 576 米
最大起飞重量	69 750 千克
主要武器	1 门 25 毫米 GAU-12/U 加农炮 1 门 40 毫米 M2A1 博福斯炮； 1 门 105 毫米 M137A1 榴弹炮； 4 个挂载点

装备特点

当 AC-130 在进行攻击时，是以逆时针方向围绕着欲攻击的目标绕圈旋转，以便施予定点目标集中且来自四面八方的密集炮火，瞬间将地面武力瓦解。在越战期间，AC-130 机群共击毁超过 10 000 辆的敌军车辆。

美国 OV-10 "野马" 侦察攻击机

OV-10 "野马" 是北美航空公司（现罗克韦尔国际公司）专为 "反游击战" 研制的多座双发多用途战术侦察攻击机，又称 "万能 COIN 机"。该机可用于进行前进空中控制、空中火力侦察、直接对地支援、直升机护卫。另外，该机还被用于放射性侦察、战术空中观察、火炮，以及舰炮定位、战术航空作战的空中控制、低空航拍等。

基本参数	
制造商	罗克韦尔国际公司
制造数量	约 300 架
机长	13.41 米
机高	4.62 米
翼展	12.19 米
最大起飞重量	6 552 千克
最大速度	463 千米/时
最大航程	692 千米
最大升限	9 144 米
主要武器	4 挺 7.62 毫米 M60C 机枪、7 个挂载点（AIM-9 空对空导弹；Mk.80 系列炸弹）

性能解析

OV-10 采用双尾梁布局，2 台 765 千瓦的 T76 涡轮螺旋桨发动机装在尾梁的前端，而后端是一体式平尾。主翼中央是主机身，它的前部是由大块玻璃组成的纵列双座复式操作座舱，后部是 1 个约 2.12 立方米容积的万能货舱，可以装载 1451 千克的军用物资或 5 名伞兵或 2 个担架加 1 名护士。由于为飞行员安装了防护装甲和弹射座椅，所以生存性大大提高。OV-10 具有杰出的短距起降性能、轻盈快捷的低空机动性能以及灵活多样的武器挂载手段，所以很受军方的青睐。1968 年，美国空军共装备了 157 架 OV-10，海军陆战队也采购了 OV-10A 和 OV-10D（夜间型）。1995 年，OV-10 从海军陆战队编制中退役。

装备特点

OV-10 在飞行中可以利用覆盖东南亚的泰康导航系统为自己和目标精确定位。在越战中，OV-10 为海军陆战队的地面行动提供了大量的直接空中火力支援和战术情报信息。

美国 A-10 "雷电 II" 攻击机

　　A-10 "雷电 II" 是美国空军的单座双引擎攻击机，负责提供对地面部队的密接支援任务，包括攻击敌方战车、武装车辆、重要地面目标等。该机共有 4 种型号，包括 A-10A、OA-10(观察型)、A-10B(教练型)、A-10C(最新改进，具备精确打击能力)。

性能解析

　　A-10 拥有坚固的驾驶员座舱装甲，呈浴缸状的钛合金装甲包裹住了整个座舱的下半部，这使飞行员在地面火力中飞行的安全系数大大增加。座舱玻璃也具有相当的防弹能力。水泡形座舱视野良好，前方下视界为 20°，两侧为 40°，周围为 360°，装道格拉斯公司的 ACESII 弹射座椅，可以在零高度、0~834 千米 / 时的速度范围内安全弹射。

基本参数	
制造商	美国费尔柴尔德公司
制造数量	715 架
机长	16.3 米
机高	4.5 米
翼展	17.5 米
最大起飞重量	23 000 千克
最大速度	722 千米 / 时
最大航程	1000 千米
爬升率	1830 米 / 分
主要武器	1 门 30 毫米 GAU-8/ A 加农炮；AIM-9 空对空导弹；Mk.80 系列炸弹；BLU-27/B "石眼" 集束炸弹；"宝石路 II" 激光制导炸弹；AGM-65 "幼畜" 空对地导弹

装备特点

由于 A-10 缺乏火控雷达和先进的光电系统，一度被认为缺乏适应现代战场的能力。2003 年 7 月，参与了伊拉克战争的部分 A-10 飞行员反映，A-10 需要进行更多的改进升级，以降低"友军误射"的发生概率，其中改装 LITENING 吊舱是一个很好的办法。在伊拉克战争中，A-10 小规模地试用了 LITENING 吊舱，飞行员反映效果良好。飞行员还表示，A-10 需要数字化座舱和加装数据链，这有助于提高战斗力和敌我识别能力。

俄罗斯 Be-12 "海鸥" 水上飞机

　　Be-12 "海鸥"是苏联著名的水上飞机设计师格奥尔吉·米哈伊洛维奇·别里耶夫最成功的作品之一。目前，俄罗斯在水上飞机领域相对西方有较大的优势，别里耶夫的贡献功不可没。

性能解析

　　该机装有 2 台涡轮喷气发动机，配备有完善的机载设备，是俄远距海洋边界线可靠的反舰反潜盾牌。Be-12 还有搜寻救护型和消防型等衍生型。在由喷气式、螺旋桨水上飞机和水陆两用飞机创造的全部世界纪录中，有50 多项是由别里耶夫设计局设计的 Be-10 和Be-12 型飞机创造的，其中 Be-12 创造了42 项。

基本参数	
制造商	别里耶夫设计局
机长	30.2 米
机高	7.0 米
重量	24 000 千克
翼展	29.8 米
最大速度	550 千米 / 时
最大航程	7 500 千米
最大升限	8 400 米
主要武器	4 个挂载点，另有内部武器舱。主要武器包括鱼雷、深水炸药、水雷等

装备特点

　　Be-12 "海鸥"的性能大大优于 Be-6，在操作上更为简便，可搜索跟踪距驻地 700~800 千米的潜艇，并使用 AT-I 型鱼雷或炸弹将目标摧毁。

英国 AV-8 攻击机

AV-8 是美国海军陆战队的垂直/短距起降攻击机，主要有 AV-8A 和 AV-8B 两种机型。

性能解析

AV-8B 在机体结构上采用了碳纤维复合材料制造的机翼、机身部件及尾翼，采用超临界翼型，加装升力辅助装置。该装置由装在机身上或装在机炮舱下的整流片及舱前的可收放式挡板组成，可以在垂直起飞时增大升力。

加大了机翼后缘襟翼和下倾副翼，前机身和座舱采用新的设计。重新设计发动机进气道，垂直起飞和短距起飞时发动机推力得到加

基本参数	
制造商	麦克唐纳·道格拉斯公司
乘员	1 人
机长	14.12 米
机高	3.55 米
翼展	9.25 米
翼面积	22.61 平方米
最大起飞重量	14 000 千克（滑跃）
最大速度	1 085 千米/时
最大航程	2 200 千米
爬升率	4 485 米/分
主要武器	1 门 25 毫 GAU-12/U 加农炮（美国海军陆战队），2 门 25 毫米 Aden 机炮（英国皇家海军）；7 个挂架（AV-8B），可挂载 AIM-9 "响尾蛇" 导弹、AGM-65 "小牛" 反坦克导弹等

大，巡航飞行的效率提高。电子设备加装了休斯飞机公司的角速度轰炸装置。

▐▐▐▐▷ 装备特点

　　AV-8 有 2 种型号，AV-8A 和 AV-8B。A 型是美国海军陆战队购买的英国"鹞"式 Mk50 垂直 / 短距起落攻击机的编号，用于近距空中支援和侦察；B 型是改进型，布局与 AV-8A 基本类似，但 AV-8B 采用了超临界翼型，加装了升力改进装置，重新设计了座舱、前机身和发动机进气道，加大了垂直起飞和短距起飞时的推力，加装了前缘边条，改善了瞬时盘旋性能，增强了空战格斗能力。

加拿大 DHC-5 "水牛" 运输机

DHC-5 "水牛" 是加拿大德·哈维兰公司为满足美国陆军的短距起落战术运输机要求而研制的短距起落多用途运输机。该机是在 DHC-4 "驯鹿" 基础上发展的，加长了机身，并换装了通用电气公司的 T-64 涡轮螺桨发动机。

性能解析

CH-5 是单翼，T 形尾翼设计。动力装置是 2 台通用电气 CT-82-4 涡轮螺旋桨发动机。

1964 年年底，加拿大国防部订购 15 架（加拿大武装部队军用编号为 CC-115）。另外，巴西和秘鲁也分别订购了 24 架和 16 架。上述飞机的公司编号为 DHC-5A。1972 年，DHC-5A 停产。1974 年 9 月，生产线重开，生产可在高原、高温机场起落的改进型 DHC-5D，共订购 61 架。1976 年年末，DHC-5D 开始交付。DHC-5D 可载 41 名士兵或 35 名伞兵，或 24 副担架和 6 名医护人员，或 8 164 千克货物。

基本参数	
制造商	德·哈维兰公司
制造数量	约 140 架
乘员	41 人
机长	24.1 米
机高	8.7 米
翼展	29.3 米
最大起飞重量	22 300 千克
最大速度	467 千米/时
最大航程	415 千米
升限	9450 米

装备特点

DHC-5 "水牛" 基本上就是 "驯鹿" 的放大型，稍稍加大了翼展，载货重量几乎达到了 "驯鹿" 的 2 倍。"水牛" 沿用了 "驯鹿" 的气动外形以降低制造成本，不过改用 T 形尾翼以避开襟翼和螺旋桨的乱流。"水牛" 继承了 "驯鹿" 优秀的短距起降性能，可在 350 米的跑道上起降。

4.2　特 战 车 辆

美国 HMMWV 多用途车

HMMWV(悍马)意为"高机动性多用途轮式车辆",基型车自重 2.4 吨,载重 1 吨,可以由多种运输机或直升机运输并空投。

性能解析

"悍马"装有 1 部大功率柴油发动机,4 轮驱动,越野能力尤为突出,最高时速可达 120 千米,车身侧倾 40°仍然能够行驶。该车拥有一个可以乘坐 4 人的驾驶室和一个帆布包覆的后车厢。4 个座椅被放置在车舱中部隆起的传动系统的两边,这样的重力分配,可以保证"悍马"在崎岖光滑的路面上提供良好的抓地力和稳定性。每个座位下面都有一个小型储物箱,副驾驶座椅的前方还有一个北约制式电源插座。

基本参数	
制造商	AMG 公司
制造数量	13.5 万辆以上
生产年限	1985 年至今
车长	4.6 米
车宽	2.1 米
车高	1.8 米
车底距地高	0.409 米
空车重	2 416 千克
乘员	1~5 人
最大速度	105 千米/时
最大行程	563 千米
最大爬坡度	60%

装备特点

"悍马"除了运送人员外还可以承担架设机枪、救护伤员、发射导弹等老吉普车无法担当的军事任务。然而速度很快、气势汹汹的"悍马",其防护性能几乎为零,这也是今后"悍马"面临的最大难题。

美国 FAV(LSV) 攻击车

FAV 攻击车是由美国切诺斯公司于20 世纪 80 年代研制的 3 座快速攻击车（Fast Attacte Vehicle，FAV），又被称为轻型攻击车（Light Strike Vehicle，LSV）。目前，FAV 攻击车除装备美国陆军特种部队和海军陆战队外，还提供给英国空降特勤队、荷兰皇家海军陆战队和沙特阿拉伯特种部队使用。

性能解析

FAV 攻击车的驾驶员位于车前左侧，右侧是副驾驶员兼射手位置，发动机后置；发动机和驾驶员中间是车长兼射手位置。3 名乘员的圆形靠背座椅上都没有安全带。该车的动力装置为标准 2 升空冷汽油发动机，最大输出功率 69 千瓦，变速箱有 4 个前进挡和 1 个倒挡，手动换挡。FAV 攻击车采用4×2 驱动方式，快速响应式后轮驱动系统，提高了越野性能。车的底盘与防翻滚框架连成一体，采用敞开式高强度铬韧合金管型钢架焊接结构，前盖由玻璃纤维材料制成、舍弃了装甲防护，以求减轻车重。

基本参数	
制造商	切诺斯公司
车长	4.08 米
车宽	2.11 米
车高	2.01 米
车底距地高	0.41 米
空车重	960 千克
乘员	3 人
最大速度	130 千米/时
最大行程	500 千米
最大爬坡度	75%

FAV 攻击车装有两挺 7.62 毫米机枪，车长位置是 1 挺 12.7 毫米 M2 勃朗宁机枪或 1 挺 40 毫米MKI9 自动榴弹发射器。此外，还可选装 30 毫米机关炮、AT–4 反装甲武器、"陶"式反坦克导弹或"毒刺"地对空导弹等，也可装备现代化的通信设备、夜视装置和卫星定位系统，这些设备可提高该车的作战性能，即使在漆黑的夜晚，也能保证在不开灯的情况下准确无误地驶至目的地。

装备特点

海湾战争期间，海豹小组在伊拉克和科威特境内的沙漠中乘 FAV 以每小时 129千米的高速巡回。这些价值 5 万美金的沙丘 4 轮车是越野竞赛车，装备 M60 通用机枪、MK19 40 毫米榴弹发射器和 AT–4 反坦克火箭筒，它们是海豹小组的武器中值得一看的附加物。海豹小组的 FAV 是盟军第一批进入科威特市的军事车辆。

美国 L-ATV 装甲车

　　L-ATV 装甲车是美国奥什科什卡车公司研制的新型四轮装甲车,为美军"联合轻型战术车辆"计划的胜出者,2019 年 1 月开始服役,逐步取代"悍马"装甲车。

性能解析

　　L-ATV 装甲车采用 6.6 升 866T 型涡轮增压柴油发动机,最大功率为 224 千瓦。即使 L-ATV 装甲车的重量超过"悍马"装甲车,但同样能达到 110 千米 / 时的速度。L-ATV 装甲车的车顶可以搭载各种小口径和中等口径的武器,包括重机枪、自动榴弹发射器、反坦克导弹等。此外,还可安装烟幕弹发射装置。

基本参数	
制造商	奥什科什卡车公司
车长	6.25 米
车宽	2.5 米
车高	2.6 米
重量	6 400 千克
乘员	2 / 4 人
最大行程	480 发 / 分
最大速度	110 千米 / 时

装备特点

　　L-ATV 装甲车基本分为 2 座车型和 4 座车型,与"悍马"装甲车相比,L-ATV 装甲车的配置更加先进。L-ATV 装甲车可装配更多的防护装甲,标准版车型拥有抗雷爆能力,配备了简易爆炸装置检测装置。L-ATV 装甲车不仅可抵御步枪子弹的直接射击,还能在地雷或简易爆炸装置的袭击下最大限度地降低乘员的伤亡。必要时,L-ATV 装甲车还能搭载主动防御系统。

英国路虎"卫士"越野车

路虎是一个历史悠久的英国汽车品牌,其名字源于北欧一个骁勇善战的海上民族。

▌★ 性能解析

目前,英国军队使用的路虎"卫士"已经开发出一套武器安装套件,只需要简单的准备工作,4名士兵就可以在 4 小时内将其安装到"卫士"XD110 等车型上。重机枪、榴弹发射器和反坦克导弹的安装,使该车有了较强的防御和攻击能力。

目前,英国皇家空军 16 个突击旅装备了近 200 辆这种修改后的路虎"卫士"。此外,英国皇家海军陆战队使用的路虎"卫士"还特别提升了车辆在寒冷环境中的承受能力和涉水能力,称为冬季涉水型"卫士",当前大约有 690 辆正在服役。冬季涉水型"卫士"可以在最低 −49℃的环境中使用,在经过最长为 2 个小时的准备后,它可以在 1.5 米深的海水中运行长达 6 分钟。

基本参数	
制造商	路虎汽车公司
车长	4.55 米
车宽	1.79 米
车高	2.08 米
车底距地高	0.23 米
空车重	3 344 千克
乘员	2 人
最大载荷	1 200 千克
涉水深	0.6 米

▌★ 装备特点

路虎"卫士"是一款有着纯正越野风格的高级吉普车,它是路虎品牌中资历最老的车型,坚固、耐用、越野能力出色是路虎卫士最大的特点。最初,路虎卫士主要面向农场、林业、矿山、军警等用户,由于它的坚固可靠和优秀的越野性能,逐渐博得了很多越野爱好者的青睐。厢式框架构成梯形底盘,上面安装的铝质车身重量轻而且坚固,不会生锈,加上可靠、强劲的机械式差速锁,从而适合长期在恶劣的环境中使用。

美国 AAAV 两栖突击车

AAAV 是美国海军陆战队于 20 世纪 80 年代末开始研制的新型两栖突击车，主要用于遂行近海登陆或克服内陆江、河、湖、泊等水障的作战行动中。

该车将作为主战装备替代现役的 AAV 系列两栖突击车，与 MV-22 "鱼鹰" 倾转旋翼机、LCAC 气垫登陆艇共同构成 21 世纪美国海军陆战队的三大武器平台。

美国海军陆战队为满足其沿海作战要求，在 2006 年开始接收第 1 辆 AAAV，截至 2014 年共接收 1013 辆，其中 950 辆为装甲人员输送车，其余作为指挥与控制变形车。

基本参数	
制造商	通用动力公司
车长	9.271 米
车宽	3.632 米
车高	3.20 米
车底距地高	0.406 米
最大速度	72.41 千米/时（公路）46.3 千米/时（水上）
最大行程	643 千米（公路） 104 千米（水上）
主要武器	1 门 30 毫米 MK44 机炮 1 挺 7.62 毫米 M240MG 机枪

性能解析

AAAV 采用滑行车体、伸缩式液气悬挂和重量极轻的橡胶带式履带，能够运送 18 名全副武装的海军陆战队队员或 2327 千克的物资。AAAV 不仅具有较高的海上航行速度，而且具有很高的陆上机动性能，其越野速度与 M1A1 主战坦克相当。AAAV 的发动机为 1 台涡轮增压的 MT883 Ka523 柴油机，在陆地上的最大功率为 637.5 千瓦。在水面上时，由安装在车体尾部两侧的 2 个直径为 584 毫米的喷水推进器推进，最大功率为 2025 千瓦。AAAV 采用模块化复合装甲结构，除了一层铝合金焊接的基体装甲外，还能根据任务需要选装 "凯夫拉" 内衬式模块化陶瓷装甲，或在车体外部挂装爆炸式反应装甲，这样可避免在车体上堆积更多的永久性防护甲板。AAAV 顶部设有 1 座动力辅助操纵的双人炮塔，炮塔内装有 1 门波音公司制造的 MK44 "毒蛇" 30 毫米链式机关炮和 1 挺 M240 型 7.62 毫米并列机枪，MK44 机关炮有一种专门设计的新型炮弹，可在空中爆炸，借助弹片能有效地杀伤隐蔽在战壕中的敌人。

AAAV 的车载电子设备也比较先进，具有多军种联合作战能力。车上装有车载式卫星通信设备，在海上作战时，乘员能够与车长和其他人通话，甚至与飞机直接通话；AAAV 的车载维护系统不仅能够进行故障诊断，还能监视发动机、传动装置和喷水推进器的状况，以便发现故障后及时报警。

美国 LARC-5 两栖货物运输车

　　LARC-5(意为轻型、两栖、再供给、载货、5吨)是博格华纳公司在美国运输工程指挥部(位于弗吉尼亚州的龙斯蒂斯堡)的要求下于1958年设计的。该车的设计旨在能够从舰船到海岸间运载4 545千克的货物或15~20名全副武装的士兵，如果需要，甚至可以驶入陆地纵深。LARC-5是以每个轻型两栖连队34辆的规模装备的。

▌▌▌▶★ 性能解析

　　LARC-5在水中靠位于车底后方的1个三叶螺旋桨推进。车体与甲板齐平的外围有坚固的保护橡胶，甲板呈台阶状。

　　LARC-5的船体由加强型铝质框架焊接而成。驾驶室位于车辆前部，其内部除了操纵控制系统外，还配置有加热器、便携式灯具、电缆、灭火器、无线电设备和座椅(驾驶员座椅可调，其他成员座椅固定)。载货区位于车辆中部。

基本参数	
制造商	康迪塞尔机动设备公司
最大载荷	4 545 千克
车长	10.07 米
车宽	3.05 米
车高	3.1 米
车底距地高	0.406 米
空车重	9 508 千克
最高速度	48.2 千米/时
最大行程	400 千米（公路）
最大爬坡度	60%

俄罗斯 LuAZ-967M 两栖战地支援车

LuAZ-967M 两栖战地支援车于 20 世纪 60 年代初研制，20 世纪 60 年代末首先装备驻东德的苏军，20 世纪 70 年代末停止生产。

性能解析

LuAZ-967M 的驾驶员座位与挡风玻璃较近，挡风玻璃可向前折叠以降低整车高度。驾驶座椅位于车体中心线上，可以放倒以实现驾驶员平躺驾驶。还可根据需要降低驾驶杆和方向盘的高度。作为战地医疗疏散车使用时，LuAZ-967M 为轻伤员准备了 2 个折叠式座椅以及 2 副担架，但该车正常负载为 2 名伤员加驾驶员。

LuAZ-967M 采用 28 千瓦风冷汽油发动机、带分动箱的 4 前进挡和 1 倒挡机械变速箱、机械转向装置、扭杆独立悬挂。该车具备完全两栖能力，在水中靠车轮推进。车身两边装有用于通过沟壕或其他障碍的踏板。载有牵引力为 200 千克的绞盘，并在车头处挂有 100 米的缆线；绞盘可以用来拖吊帆布席上的伤员。

基本参数	
制造商	乌克兰卢茨克机车厂
车长	3.628 米
车宽	1.74 米
车高	1.625 米
车底距地高	0.285 米
转弯半径	5.8 米
空车重	930 千克
最大速度	75 千米/时
最大行程	285 千米
最大爬坡度	58%

装备特点

LuAZ-967M 也被空降部队采用作为轻型支援车和武器运输车使用；该车还可来搭载 1 具 AGS-17 榴弹发射器，9K111 Fagot 反坦克制导导弹和 1 挺 82 毫米 B-10 无后坐力炮。

德国 SX45 轮式重型抢救车

第九届阿布扎比国际防务展上，德国 MAN 公司展出了一种新型卡车——MAN SX45 型 8×8 轮式重型抢救车（以下简称 SX45 卡车）。

性能解析

SX45 卡车安装了 MAN 公司与克劳斯－玛菲·魏格曼公司联合研制的模块化装甲人员防护组件"集成装甲舱"，这套装甲可以为卡车驾驶室提供 3 级弹道防护和反坦克地雷爆炸防护。具有安装简便，防护全面，并且对车辆原有功能无影响的性能特点。

装备特点

该车还安装有 3 个罗茨勒液压绞盘（分别为主绞盘、辅助绞盘和自救绞盘），1 台遥控操作液压起重机。该车还可以根据需要，在车顶上方安装烟幕弹发射器、机枪或自动榴弹发射器，以提高自卫能力。

基本参数	
制造商	MAN 公司
车长	10.52 米
车宽	2.55 米
车高	3.92 米
车重	32 000 千克
最大载荷	16 000 千克

以色列"沙猫"装甲车

　　"沙猫"装甲车为一种轻型 8 人装甲车,由福特 F-450 系列卡车改装而来,适用于小规模战争区域。以色列在其基础上研发出了 Guardium MK3 无人遥控装甲车。2006 年,中美洲卡车展上"沙猫"装甲车公开亮相,2007 推出了"沙猫"plus 升级版,加强核生化防护和灭火装置。2008 年美国 Oshkosh 公司也被授权生产"沙猫",并有若干小改装。

▌▌▌▷ 性能解析

　　以色列"沙猫"装甲车采用短版福特 F350 底盘,由 1 个 6 升柴油机驱动。车辆采用 5 门设计,车辆总重不超过 10 吨,发动机功率超过 206 千瓦,能够运输 6~8 名武装士兵和额外装备,可以安装附加的复合装甲。

基本参数	
制造商	Plasan/ Oshkosh 公司
生产年限	2006 年至今
装甲类型	模块化装甲
主要武器	控机枪塔

▌▌▌▷ 装备特点

　　以色列帕尔森·撒萨公司在 2015 年第 23 届波兰国际防务工业展中,赢得了为波兰武装警察特种部队提供"沙猫"4×4 升级改造型装甲车合同,这份合同价值 656 万美元。

加拿大 LAV-3 装甲车

LAV-3 装甲车的前身是斯特赖克装甲车，为加拿大军队的主要战车之一。

性能解析

LAV-3 装甲车，是史崔克装甲车的前身。1991 年加拿大意图研发一种新装甲车取代 20 世纪六七十年代的 M113 等旧车，是为 MRCV 专案，1992 年定型本车称为 LAV-3，1999 年服役。由瑞士 MOWAG 公司食人鱼装甲车衍生而来的 LAV 的改型，系由加拿大通用陆上系统公司生产。2011 年加拿大政府与通用动力公司地面系统加拿大分部签订了一份价值 10.52 亿美元的合同，为 LAV III 地面战车集成综合升级组件。

基本参数	
制造商	通用陆地系统公司
车长	6.98 米
车宽	2.7 米
车高	2.8 米
重量	16 950 千克
乘员	9 人
装甲类型	均质钢板装甲
主要武器	M242 机炮
最大行程	450 千米
最大速度	100 千米/时

装备特点

LAV-3 地面战车升级项目将对 550 辆战车进行现代化升级，以增强其生存能力、机动性和火力，并将寿命周期延长至 2035 年。生存能力的升级包括引入双 V 形车体技术，附加装甲防护和减震座椅。这些改进将为乘员提供更高的防御地雷、简易爆炸装置及其他威胁的能力。升级工作将由通用动力公司设在加拿大安大略省伦敦市和亚伯达省艾埃德蒙顿市的工厂，以及该公司全国范围内 400 多个加拿大供应商开展，并预计于 2017 年完成。

美国 M1117 "守护者" 装甲车

M1117 "守护者" 是一种 4 轮装甲车,由德事隆海上和地面系统公司制造,配有 Mk 19 榴弹发射器,M2 勃朗宁重机枪。1999 年,美军购入该车作为宪兵用车,之后加强了装甲,并投入阿富汗和伊拉克战场,取代部分悍马车。因为悍马车的装甲版 M114 在许多状况下不能抵挡火力,因此美军采购了更多的 M1117。但是,M1117 每辆 80 万美金的售价比装甲版悍马的 14 万美金贵出 6 倍,所以还是未能取代悍马车。

性能解析

M1117 实际上是以最新一代 LAV–150ST 装甲车为原型设计的,相对于 LAV–150ST,M1117 装甲安全车增长了车身,发动机增加了涡轮增压装置。最大的改变是采用了全新的独立式螺旋弹簧悬架,提高了乘员的乘坐舒适性,同时使 M1117 装甲安全车的越野机动能力大大提高。

M1117 "守护者" 装甲车是美军设计的 4 轮驱动装甲车,由于伊拉克战争导致对该武器的需求激增,大约 2400 辆改型装甲防护车已交付或者准备交付使用。

基本参数	
制造商	德事隆公司
车长	6 米
车宽	2.6 米
车高	2.6 米
重量	13 470 千克
乘员	4 人
装甲类型	MEXAS 模组装甲
主要武器	Mk 19 榴弹发射器,M2 重机枪等
最大行程	500 千米
最大速度	63 千米 / 时

瑞士食人鱼装甲车

在当今的世界上,瑞士的装甲车辆技术堪称后来居上,独树一帜。莫瓦格公司的"食人鱼"轮式系列装甲车,使得瑞士成为装甲车技术的"大国"。

性能解析

"食人鱼"装甲车安装了底特律 6V53TA 柴油机。乘员可利用中央轮胎压力调节系统,依据车辆在路面行驶状况调节轮胎压力。车内有预警信号装置,当车辆行驶速度超过所选择的轮胎压力极限时,预警信号装置便发出报警。该车有多个驱动系统,即使地雷炸坏了一个驱动分系统,车辆也能继续行驶。"食人鱼"装甲车有涉渡 2 米深水域的能力。涉水时,除用车轮滑水外,也用螺旋桨推进器。它采用舵片操纵、转动左右螺旋桨,从效果来看,转动左右螺旋桨可以使车辆的水上操纵非常灵活。

基本参数	
制造商	莫瓦格公司
车长	4.6 米
车宽	2.3 米
车高	1.9 米
重量	3 000 千克
乘员	4~6 人
装甲类型	外挂反应装甲
主要武器	多种模组化武器
最大行程	560 千米
最大速度	100 千米 / 时

装备特点

自 1976 年批量投产以来,"食人鱼"装甲车一直盯住国内外市场的需要研制和发展,至今已推出 I 型、II 型和 III 型共 3 个系列。I 型显现了 20 世纪 70 年代中期的先进技术。II 型是 I 型的改进型,显现了 20 世纪 80 年代和 90 年代初期的先进技术。III 型是 II 型的改进型,显现了 20 世纪 90 年代中后期的先进技术,具有跨入 21 世纪的技术特色。

美国斯特赖克装甲车

斯特赖克装甲车是由美国通用动力子公司通用陆地系统设计生产，设计理念源于瑞士的"食人鱼"装甲车。

性能解析

斯特赖克装甲车最大的特点与创新在于几乎所有的延伸车型都可以用即时套件升级方式从基础型改装而来，改装可以在战场前线上完成，因此提供了极大的运用弹性。若有某一型车战损，不必再等待从后方运补，可以抽调另一台较不重要的车型改装。

装备特点

斯特赖克装甲车是美陆军新概念部队的

基本参数	
制造商	通用动力公司
车长	6.95 米
车宽	2.72 米
车高	2.64 米
重量	16 470 千克
乘员	2 车员 +9 步兵
装甲类型	防弹钢板
主要武器	M151 遥控机枪
最大行程	500 千米
最大速度	100 千米 / 时

载体。它的部署将把适应传统作战方式的重装甲机械化部队转变为快速机动部队。斯特赖克的各种变型车的车重车体也都符合空运的要求。装备斯特赖克系列装甲车的快速战斗旅按五角大楼的要求，在 96 小时之内部署到世界任何地方。斯特赖克的战略机动性无疑是上乘的。

意大利"半人马"装甲车

"半人马"装甲车是由 CIO 联合厂商协会设计生产，依维柯·菲亚特公司负责外壳和动力系统，奥托·梅莱拉公司负责炮塔和武器。

性能解析

"半人马"装甲车采用全车身焊接钢板为标准装甲，可以挡 14.5 毫米口径武器直接攻击，正面可挡 25 毫米口径武器攻击。车上有核生化警报装置，车外两侧备有各 4 具烟幕弹和激光警告装置，可以在被激光瞄准类武器锁定时发出警告。"半人马"采用 Iveco 6V 涡轮后冷式柴油引擎，传动系统由 Iveco Fiat 授权生产。有 5 个前进挡和两个倒车挡，8 个轮子都有独立悬吊和中轮膨胀系统 CTIS、8 轮碟式刹车，前两组轮有转向装置 (市区低速下 4 组轮都可启动转向)。

基本参数	
制造商	CIO 联合厂商协会
车长	7.85 米
车宽	2.94 米
车高	2.73 米
重量	25 000 千克
乘员	4 人
装甲类型	焊接钢板
主要武器	MG3 防空机枪等
最大行程	800 千米
最大速度	110 千米 / 时

装备特点

"半人马"的主要功能是保护其他机动骑兵旅的轻型单位，所以要有高的火力重量比、出色的航程和越野力、电脑化火力控制。该车投产于 1991 年并于 2006 年完成全部现有订单的出货。

英国"撒拉森"装甲车

"撒拉森"是由英国阿尔维斯汽车公司生产的 6 轮装甲运兵车，是英国陆军的主要装备之一。

性能解析

"撒拉森"装甲车的主要武器为炮塔上的 L3A4(M1919) 同轴机枪，及车顶后部装在旋转式射架上的布伦轻机枪，后期型改为 7.62 NATO 的 FN MAG(L7) 同轴机枪。"撒拉森"装甲车曾经在 20 世纪 80 年代北爱尔兰问题时服役于北爱尔兰地区，主要在当时赫尔的街道上巡逻，亦是英属香港时期警用装甲车之一，在斯里兰卡内战和也门亚丁湾也有出现。

基本参数	
制造商	阿尔维斯汽车公司
车长	4.8 米
车宽	2.54 米
车高	2.46 米
重量	11 000 千克
乘员	2 人
装甲类型	16 毫米厚钢板
最大行程	400 千米
最大速度	72 千米 / 时（越野）

美国 M56 土狼式涡轮发烟车

M56 土狼式涡轮发烟车研发于 1994 年，1996 年通过了美军军方测试。1997 年，美军拨发了 8 辆 M56 给美军化学兵学校，1998 年拨发了 18 辆给美军 82 空降师。

性能解析

M56 以悍马车为底盘，机动力颇高。发烟系统装置于车辆后段，其内有 1 具涡轮发动机，用它产生的高温（500℃）雾化烟雾油，以此产生烟幕。烟雾油产生白色烟雾，一次可发烟 100 分钟，而石墨粉产生黑色烟雾，一次可发烟 30 分钟（两者的发烟口是不同的）。烟幕能对光电磁波产生吸收、反射、散射，进而妨碍红外线、激光、雷达等导引武器的效果，使敌攻击产生误差。

基本参数	
制造商	Robotic Systems Technology 公司
车长	4.6 米
车宽	2.1 米
车高	1.8 米
车底距地高	0.409 米

装备特点

M56 土狼式涡轮发烟车是 1 套安置在 M1113 悍马车上的野战烟幕施放系统。M56 释放的烟雾能够妨碍敌军地面、空中观测及精准导引武器射击或轰炸，能够掩护部队行动，有效确保战斗力。

4.3 特战舰艇

美国 ASDS "海豹" 输送艇

ASDS "海豹" 输送艇是一种防水的可潜水小艇，能够完成从母潜艇到敌方海岸的部署任务。

性能解析

ASDS 以电池为动力，由 2 人操控驾驶，最多可以运载 14 人。如果携带装备较多的话，通常运载 8 人。该艇装有被动和主动的声呐、雷达和电子潜望镜（配备电视摄像机，而非传统的光学设备），最大潜水深度为 61 米。

ASDS 通常放置在潜艇的平台上运输，目前可以部署到一些经过改装的 "洛杉矶" 级攻击型核潜艇上，最终将部署到 "弗吉尼亚" 级攻击型核潜艇、"俄亥俄" 级弹道导弹潜艇和 "海狼" 级攻击型核潜艇上。

基本参数	
制造商	诺斯洛普格鲁门公司
长度	20 米
宽度	3 米
重量	60 吨
航程	200 千米
排水量	55 吨
额定艇员	2 人
乘员	8 ~ 14 人
最大速度	14 千米 / 时
动力装置	55 马力的发动机和 4 个推力装置

装备特点

　　ASDS "海豹" 输送艇是专门用于输送、投放和回收特种部队的微型潜艇，安装有光学通信潜望镜和 1 个小的声呐。它可以通过 C-5 或 C-17 运输机或放置在潜艇的平台上运输。桅杆上装有光电传感器，能捕获夜间景象，并通过数据链把这些图像传输给指挥部门。除 2 名艇员外，可搭乘 8 名 "海豹" 突击队员及其作战装备。

俄罗斯"野牛"级气垫船

"野牛"级是苏联于 20 世纪 80 年代设计建造的气垫登陆艇，是当今世界上最大的气垫军舰。"野牛"级的任务是执行快速攻击和战斗部队的海上运送，可以运送特种部队和战斗物资并在敌方控制区域海滩登陆，也能为海滩上的己方军队提供火力支援，还能布设有效的雷区。

性能解析

"野牛"级的船体为方形浮筒结构，坚固、稳定且适于航海。浮筒上部结构被 2 个纵向隔壁分开成 3 个功能区。中间功能区用于装甲车辆登陆，使用滑行轨道和装卸工作坡道。 2 个外部的功能区一个是动力室，另一个是载送两栖部队舱、船员生活舱和生活维持舱，装有通风、空气调节和采暖装置等，并具备 NBC(核、生、化)防护能力。"野牛"级的船体外覆轻装甲船壳板，提供一定程度的防护给船员和军队，防备弹药和爆炸碎片。

基本参数	
制造商	"阿尔马兹"中央设计局造船股份公司
长度	57.6 米
宽度	25.6 米
满载排水量	550 吨
额定艇员	31 人
最高速度	63 节
续航距离	483 千米

"野牛"级装备 2 套并联火箭发射装置， 4 套 Igla-1 M 便携式防空导弹系统和 2 门 AO-18 型 AK-630 30 毫米 6 管自动火炮。"野牛"级装有 1 组导航套件，由 2 台导航雷达、陀螺罗盘、磁罗盘、流速测速器、卫星导航接收装置、台卡接收装置、无线电测向器、主陀螺仪和昼夜观测器等组成。"野牛"级的后部装有 3 台推进风扇，可倒转，采用直立支架固定在船体后部，是"野牛"级外观上最大的特点。该艇使用 4 台 NO-10 型鼓风机，并通过高温燃气轮机发电机提供动力，以驱动鼓风机和推进风扇。

装备特点

"野牛"以其 555 吨的满载排水量成为世界上最大的气垫登陆船舶，且其尺寸远大于现今船坞登陆舰和两栖攻击舰的容纳能力，不能由任何母船搭载，完全依靠本身的续航力，因此俄罗斯海军将其直接划分为"登陆舰"。

美国"短剑"高速隐形快艇

　　"短剑"是美国为加强海军在沿海和近海的作战能力而研制的高速隐形快艇，是一种专门输送特种兵的新概念装备，也可改装成小型高速作战舰艇和鱼雷艇。"短剑"的信息化程度很高，在靠近敌方海岸时，可作为网络中的一个节点，为秘密登陆的特种作战部队提供及时的信息。该艇可布放和回收11米长的刚性充气艇，还能搭载无人机，可运载12名"海豹"突击队队员。

性能解析

　　"短剑"最突出的特点是它的双M船形，即船体结构近似两个字母"M"。这种船形能够抑制船艏波的产生，并利用自身的结构产生气垫效果，抬升船体，减少舰艇的吃水，同时还能减少舰艇在调整航行时产生的尾浪，减少触发水雷的概率。最重要的是，双M船形能降低声呐信号的强度，从而达到声音隐形效果。"短

基本参数	
制造商	圣地亚哥M船舶设计公司
长度	24.4米
宽度	12.1米
吃水深度	0.15米
额定艇员	3人
最高速度	50节
续航距离	926千米

剑"的吃水极浅，在高速航行抬升状态，吃水深度仅为150毫米，这使它非常适合在濒海水域机动航行。"短剑"采用碳纤维材料制造，与F-35"闪电Ⅱ"战斗机和波音787客机的材料类似，是美国有史以来采用碳纤维材料制造的最大的海军舰艇。这种材料强度高、重量轻，比起铝合金或钢，更能够增加舰艇的有效载荷和运载作战物资的能力，提高燃油效率和减少舰艇维护工作量。另外，碳纤维材料中间以复合泡沫材料填充，能大大减少舰艇的红外和磁信号特征，提高隐身性能。"短剑"的船身呈扁平状，干舷较低。除桅杆外，舰桥和武器装备都融入船体内，整艘快艇的可视信号特征较小。

瑞典 "战艇 90" 多功能艇

"战艇 90" 多功能艇可实现高速机动, 可作巡逻艇、快速攻击艇或火力支援艇, 适用于近海或内河沿岸的快速两栖登陆作战。

性能解析

"战艇 90" 的艇体采用铝合金制造, 船形为典型的单船体滑行艇, 船体倾斜度为 20°, 适合高速滑行。驾驶舱为 2 人驾驶, 另可加一名指挥官的位置。艇体尾部为水密结构, 设有一个可容纳 20 名全副武装士兵的船舱, 或装载 2.8 吨货物。该艇有一个大的辅助登陆的前向舱门, 艇上还载有 4 艘充气艇, 每艘充气艇可搭载 6 人。"战艇 90" 采用 2 台 460 千瓦柴油发动机和 2 台喷水推进器, 最高航速达 40 节, 高度机动灵活, 可实现原地转向。艇首有

基本参数	
制造商	达克斯达瓦贝特公司
长度	15.9 米
宽度	3.8 米
满载排水量	19 吨
额定艇员	20 人
最高速度	40 节
续航距离	386 千米
动力装置	2 台萨博 – 斯堪尼亚 DSI14 柴油发动机

1 挺 12.7 毫米机枪, 艇体中部有一个武器架, 可布置 12.7 毫米机枪或 40 毫米榴弹发射器, 由驾驶舱内遥控发射。此外, "战艇 90" 还可以使用半主动激光制导的 RBS 17 "地狱火" 舰对舰导弹, 以及水雷 (4 枚) 和深水炸弹 (6 枚)。

"战艇 90" 采用喷水推器, 可确保高航速, 同时装备了类似于潜艇水平舵的控制装置, 即使在高速行驶中急转弯, 也能确保艇身稳定, 十分适合在条件复杂的内陆河网中进行特种作战。战艇 90 艇内空间较大, 可搭载大量人员装备, 还可加装指挥通信装备。

美国 Mk-V 特种作战艇

Mk-V 特种作战艇在美国海军 1994 年的选型试验中胜出，主要用于向低、中度威胁地区投入和撤出特种作战部队，其次用于海岸巡逻和拦截任务。

性能解析

Mk-V 特种作战艇采用铝质船体，可搭载 16 名全副武装的特种部队成员，满载排水量为 54 吨。艇上还带有 4 艘战斗突击橡皮艇。Mk-V 特种作战艇能够使用的武器种类较多，包括 12.7 毫米 Mk46 Mod 4 机枪、25 毫米"大毒蛇"机炮、40 毫米 Mk19 榴弹发射器和"毒刺"导弹等。Mk-V 的电子设备主要有"古野"导航雷达和 APX-100(V) 敌我识别器。

Mk-V 特种作战艇分遣队一般包括 2 艘小艇和保障装备，可由 2 架 C-5"银河"运

基本参数	
制造商	哈尔特船舶公司
长度	24.7 米
宽度	5.3 米
满载排水量	54 吨
额定艇员	5 ~ 9 人
最高速度	45 节
续航距离	829 千米
动力装置	2 台 MTU 12V 396 TE94 柴油发动机，2 个"卡美瓦"喷水推进器

输机在接到通知后 48 小时内进行部署，分遣队的装备可以在现有的铁路上进行运输。一般来说，Mk-V 特种作战艇执行的特种作战任务时间一般持续 12 小时，它可与沿海巡逻艇和硬质充气艇协同行动。这些舰艇可以从前沿基地出发，对目标实施外科手术式打击。

美国"飓风"级沿海巡逻艇

美国海军特种作战司令部装备了13艘"飓风"级沿海巡逻艇，主要用于执行海岸巡逻、监视和拦截任务，次要任务包括支援海上特种作战。

性能解析

"飓风"级沿海巡逻艇上的武器主要包括Mk38 25毫米舰炮、Mk96 25毫米舰炮、M60机枪、Mk19榴弹发射器和"毒刺"导弹等。此外，艇上还装有MK52 Mod 0诱饵发射系统和硬质充气艇回收系统。美国海军特种作战任务包括远距离"海豹"渗透、撤离、战术游泳行动、情报搜集、作战欺骗、海岸防御和河流支持。"飓风"级沿海巡逻艇主要在低强度冲突环境中作战，执行作战任务时，一般以2艘为单位，便于在2艘船只上安排1个机动保障小组，以便在任务期内提供技术支持和维护保障。

基本参数	
制造商	波林格尔船厂
长度	51.82 米
宽度	7.62 米
吃水深度	2.38 米
载油量	68 137 升
满载排水量	328.5 吨
额定艇员	28 人
最高速度	30 节以上
续航距离	5 556 千米
动力装置	4 台 Paxman 柴油机，2 台 Caterpillar 发电机

装备特点

"飓风"级沿海巡逻艇是以重机枪为主要武器，用于近海作战的小型战斗舰艇。许多国家甚至不用于配备于军队，而是准军事的海岸巡逻队或警察，用于查缉的日常勤务。

英国 XSR 高速巡逻艇

XSR 是英国研制的军用拦截艇，是世界上航速最高的巡逻快艇之一，最高航速可达 85 节。该艇依据空气动力学原理设计，可由海军舰艇投放与回收，可协助海军执行多种任务，如在敌方近海区域部署特种部队、执行反海盗与反走私行动、保护海上石油平台、拦截存在潜在威胁的不明舰艇等。

性能解析

XSR 主要有 2 种型号。小型艇长 14.6 米，最高航速 65 节，额定艇员 4 名，并可搭载 14 名乘客。大型艇长 19 米，最高航速 85 节，额定艇员 7 名，可搭载 26 名乘客。大型艇以 49 节航速航行时的航程可达 1852 千米，每次出航能携带航行 48 小时所需的水和燃料。2 种型号的 XSR 均配备卫生间和小型厨房。XSR 采用凯夫拉装甲艇壳，其强度是钢的 5 倍，可抵御轻武器射击。该艇采用 2 台 11.3 升柴油发电机，每台传输功率可达 588 千瓦，强大的动力为高速航行提供了基础。为了减少高速航行时振动的影响，艇员的座位都采用了防震设计。

基本参数	
制造商	奎奈蒂克公司
长度	19 米（大型）
续航时间	48 小时
航程	1 852 千米
额定艇员	7 人
最高速度	85 节

装备特点

XSR 具有优良的稳定系统——横向滚动衰减与稳定设备，该系统可在 XSR 高速转弯过程中提供优异的控制能力，并可在极端天气状况下提供良好的稳定性能。此外，XSR 的充气芯管还可吸收高速艇体受到的强烈冲击，艇体的稳定性能也保证了武器系统更高的精确度。XSR 的甲板下装备了 1 挺 12.7 毫米机枪，当目标进入射程，机枪可从艇体前方伸出，操作员可利用驾驶舱内的远程控制系统控制机枪攻击目标。除了机枪，XSR 还可在后座舱配备其他武器。

美国 LCAC/MCAC 气垫船

LCAC 是美国海军于 20 世纪 80 年代开始建造的登陆气垫船，主要供美国海军陆战队及特种部队使用。1993 年 12 月，为了具备更强的海上反水雷能力，美国海军决定订购反水雷装备，在必要时可将部分 LCAC 改装为具备浅水反水雷能力的"多功能气垫船"。除美国外，英国和日本也购入了少量 LCAC。

性能解析

LCAC 载重 60 吨（过载可达 75 吨），可运载 180 名全副武装的士兵或 12 辆"悍马"或 1 辆 M1A1"艾布拉姆斯"主战坦克。满载时速度仍然超过 40 节，续航距离可达 483 千米，能越过 1.21 米以下的障碍物；不过耗油量惊人，每小时达 3 785 升。

装备特点

LCAC 主要用于将士兵和作战装备送上缺乏保障设备的登陆场。与水陆两用坦克不同的是，LCAC 可搭载士兵直接从大型登陆舰上启动，并在敌方视距外发起冲锋。MCAC 主要是对 LCAC 的围裙进行改进，以适应携带必需的反水雷装备。这些艇的主要用途是探测和消灭浅水水雷。与"海龙"直升机不同的是，MCAC 可以全天作业。此外，MCAC 还可布放 M58 线列炸药进行扫雷。线列炸药用于清扫通过雷区的通道。布放串联的炸药，然后将其引爆。炸药爆炸可使水雷感应起爆，以便在雷区中炸出一条通道。

基本参数	
制造商	达信海上装备公司
长度	26.8 米
宽度	14.3 米
吃水深度	0.9 米
越障高度	1.21 米
载重	60 吨（标准）
额定艇员	5 人
最高速度	40 节
续航距离	483 千米
动力装置	4 台阿芙柯 – 莱卡明 TF40B 燃气轮机

美国干坞式舱罩

基本参数	
制造商	通用动力公司
长度	11.6 米
直径	2.75 米
排水量	30 吨
载荷	1 个海豹运载器

　　干坞式舱罩 (DDS) 的主要作用是安装到潜艇上，用以运送或发射潜水员输送载具 (SDV)。DDS 可以空运，安装到修改后的潜艇上大约需要 12 小时。

性能解析

　　DDS 可以细分为 3 个封装在玻璃钢整流装置内的防水部件。最前面的球状组件是用来治疗受伤特战队员的。中间的球型组件是一个转移舱，特战队员可以从这里进出潜艇和相邻的 2 个组件。后面的组件是一个带有椭圆尾端的储存库，用来放置 SDV(通常为 4 台) 或特战队员所需的特种装备。

　　要安装 DDS 的潜艇必须经过特别改造，包括空气系统及其附属系统等，再通过一些特殊的配件，便可以将 DDS 安装到瞭望塔后方进行运输。经过这些改造，潜艇和 DDS 的连接处可以完全防水。当潜艇在水下时，特战队员便可以在潜艇和 DDS 之间自由出入。特战队员可以携带装备通过 DDS 进入 SDV，最后乘坐 SDV 或充气橡皮艇脱离 DDS，到预定地点执行相应的任务。

装备特点

　　DDS 用于从下潜潜艇中投送和回收海豹输送艇或战斗突击橡皮艇。干坞式舱罩为任务准备提供一个干燥的工作环境。在平时的行动中，该船坞机库甲板模块将会注水、加压至周围海水压力，然后打开大门投放或回收输送艇。能够使用一个干坞式舱罩的潜艇为 "L. 孟德尔河" 号和 "贝慈" 号。

美国 RCB-X 河岸特战艇

　　河岸特战艇是诞生于 21 世纪的新一代舰艇，主要用于近海沿岸和河流地带的反恐战斗。RCB-X 是美国军队的一种河岸特战艇，经过实战检验，该艇性能值得信赖。

性能解析

　　在配合特种作战小组时，RCB-X 河岸特战艇能对可疑区域实施快速扫荡，节省宝贵的人力与时间。它能够利用地形隐蔽并实施机动，艇上装备有多挺轻、重机枪，以及其他武器，能够以先发制人的火力压制敌人。但是该艇其他方面还

基本参数	
制造商	达克史达瓦贝特公司
长度	14.9 米
宽度	3.65 米
吃水	0.91 米
最高速度	44 节

是存在明显弱点，如吨位的限制致使在防护上只能敷衍了事，除了在艇体要害部位加装少量装甲外，艇上成员几乎完全暴露，万一遭遇敌军重兵围攻将会十分凶险。即便如此，它依然被美军视作执行诸如反渗透和强行侦察任务的首选。

装备特点

　　美国是对内河特种作战研究最细致、最深入的国家，美军的河岸特战艇极少在白天活动，经常挑选最偏僻的水道昼伏夜出，同时还伴有严格的噪声与通信管制。各国军队的实践经验证明，河岸特战艇在缺乏其他交通设施的内河水域能够最大限度地发扬机动打击火力。

美国"圣安东尼奥"级两栖船坞运输舰

"圣安东尼奥"级是由美国英格尔斯造船厂建造的两栖船坞运输舰，美国海军预计建造 12 艘，首舰于 2006 年 1 月服役。截至 2016 年 8 月，已有 9 艘建成服役。

性能解析

"圣安东尼奥"级的舰体结构设计不同于传统的两栖舰。舰的侧面轮廓类似于艏楼较长的护卫舰和"阿利·伯克"级驱逐舰。舰体尽量简化以减少结构的复杂性，除去了复杂的曲面平台段，平行中体的长度增大，舰部为中圆式。舰体中前部的甲板上是大型上层建筑；舰体后

基本参数	
制造商	英格尔斯造船厂
单艘合同价值	15 亿美元
满载排水量	2.5 万吨
最大航速	22 节
同级数量	预计 12 艘
货舱容积	708 平方米
甲板面积	2 360 平方米

部是船坞，上面的飞行甲板设有 2 个直升机和垂直 / 短距起降飞机起降点。这个设计与其他船坞登陆舰、船坞运输舰大体一样，但是船体规模比"奥斯汀"级船坞运输舰大得多，满载排水量大了近 50%；上层建筑比改进型的"惠德贝岛"级船坞登陆舰还大。该舰设计时注重车辆运输，车辆甲板占据了中部甲板下的 3 层，面积为 2 360 平方米，因此对气垫登陆艇的运送能力受到一些影响，小于"惠德贝岛"级和"黄蜂"级两栖攻击舰。坞舱设计与"黄蜂"级相似，但车辆甲板扩大、坞舱面积相对缩小。该舰提高了舰船的抗冲击性和防弹能力，加强了水密舱结构，在容易被击中的部位预留了抗破坏余量，提高了整舰的生存能力。

"圣安东尼奥"级的航空运输能力与两栖载具运输能力都比老一代船坞运输舰增加不少，但载运货物与兵员的数目却明显减少，仅能搭载 720 名士兵。

俄罗斯"别烈津河"级补给船

"别烈津河"级补给船是俄罗斯海军目前最大的一级综合补给船，建成于1977年，由尼古拉耶夫船厂建造。主要使命是为舰队提供海上航行补给，支援舰队活动。

性能解析

"别烈津河"级的上层建筑分设在前、后2部分。中部设补给装置，后部上层建筑的末端是直升机机库，带2架卡-25C型直升机，直升机可承担反潜和垂直补给任务。机库后面是直升机平台，是俄罗斯海军第一艘装备直升机的辅船。补给装置设在中部，有3个补给门架，共有6个横向补给站，前、后门架4个补给站

基本参数	
制造商	尼古拉耶夫船厂
舰长	212 米
舰宽	26 米
吃水深度	12 米
满载排水量	36 000 吨
航速	22 节
续航力	15 000 海里 (16 节)
装载能力	携载燃油 1.6 万吨，淡水 500 吨，以及 2 000~3 000 吨粮食等干货

用于干货补给，中间门架2个补给站用于液货补给。前、后门架附近有4部10吨起重机，并排布置。中、后门架间有一层补给甲板，甲板上设置一间甲板室，补给指挥控制中心便设在此。艉部还有较老式的纵向加油装置，可通过软管给舰艇加油。

装备特点

"别烈津河"级补给船主要用于伴随"基辅"级直升机航空母舰编队进行远洋活动。"别烈津河"级补给船是俄罗斯第一艘装备了SA-N-4舰空导弹系统的后勤支援舰。

美国"供应"级补给舰

美国"供应"级补给舰属于快速战斗支援舰，是综合补给舰的强化版本，用于替换"萨克拉门托"级补给舰，用于向航母战斗编队供应正常执勤所需的燃油、弹药、食品、备件等各种补给品。

性能解析

"供应"级综合补给船全焊接平甲板结构，斜艏柱带球鼻型艏，方艉。上层建筑分设在船前和船后部，补给装置设置在中部，艉部有直升机甲板和机库。有 4 个干货舱，货物传输快捷，每个舱有 2 部升降机和一些货盘传送机，舱内和甲板上还有运货叉车。携带 3 架 UH-46E "海上骑士"直升机，用直升机进行垂直补给。设置多个补给站可同时进行干、液货补给。左右两舷有 6 个横向干货补给站，5 个横向燃油补给站，为接受油船、军火船、军需船的再补给，船上备有 1 个横向干货接受站，3 个双软管横向燃油接受站。

基本参数	
制造商	国家钢铁和造船公司
舰长	229.7 米
舰宽	32.6 米
吃水深度	11.6 米
满载排水量	48 800 吨
航速	25 节
续航力	6 000 海里（22 节）
装载能力	液货：156 000 桶油、20 000 加仑淡水 干货：1 800 吨弹药、400 吨冷冻食品、250 吨普通货物

装备特点

"供应"级补给舰的特点是排水量小、航速高机动性强、具有较强自卫能力。除配备防御性自卫武器外，还配置多种电子探测设备，以防敌方的空中袭击。

美国"黄蜂"级两栖攻击舰

"黄蜂"级两栖攻击舰是美国海军的两栖攻击舰，几乎能运输一整支美国海军陆战队远征部队，并通过登陆艇或直升机在敌方领土登陆。

性能解析

"黄蜂"级的舰内空间结构与塔拉瓦级相似，不过舰内车库甲板面积（1 980平方米）仅有塔拉瓦级的73%，货舱甲板容积（3 030立方米）也只有塔拉瓦级的92%，腾出的空间用来容纳航空机相关设施，可装载比塔拉瓦级更多的航空器。与塔拉瓦级相同，黄蜂级拥有2具供运送航空器用的大型升降机，但2具皆为甲板边缘升降机，而非塔拉瓦级将1具设在舰尾中线。

基本参数	
制造商	英格尔斯造船厂
制造数量	同级8艘
舰长	253.2米
舰宽	31.8米
吃水深度	8.1米
航速	22节
续航力	9500海里（18节）

"黄蜂"级所搭载的航空武力已经超过大部分国家所拥有的短距起降航空母舰所搭载的，足以应对一场低强度区域性冲突所需的火力支援与垂直输送需求。

4.4 降落伞 / 垂直空降绳 / 下滑绳

英国"穿叉"低空降落伞

　　"穿叉"低空降落伞采用模块化设计，有效载荷 226.8~1 000 千克，可以根据作战性质的不同选择不同的载荷。这种新设计有三大优点：第一，可以延长降落伞的使用寿命；第二，减少使用后的回收时间；第三，减少制造和维护成本。

基本参数	
制造商	Uniross 公司
主要用户	英国特种部队

英国 MCADS 降落伞

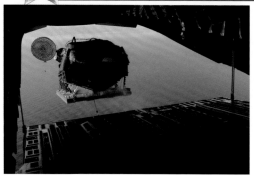

基本参数	
制造商	IRVIN-GQ 公司
主要用户	英国、美国以及澳大利亚等国的特种部队

MCADS 全称 Maritime Craft Aerial Delivery System，一般用作空投诸如气垫船之类的大型交通用具，以及其他一些海上作战的特殊装备。该降落伞刚面世时并不受欢迎，但随着海上反恐战斗日益剧烈，包括美国、澳大利亚等国家的特种部队开始对它有了好感。

英国"萤火虫"降落伞

基本参数	
制造商	IRVIN-GQ 公司
主要用户	英国、美国特种部队

"萤火虫"降落伞是目前较新型的降落伞，其特点是可以对目标区域进行"精准"空投。在该降落伞上，安装有导航、实时分析系统，可以对环境、气候等多个方面进行分析，确保空投的"精准度"。这种设计的优点在于可以提高空勤人员、地面接收人员的安全，减少接地物流。目前，该降落伞主要在偏远战区使用，可为那里的特种部队安全可靠地提供军需物资。

美国"入侵者"降落伞

美国 Para-Flite 公司推出了一款全新的降落伞，名为"入侵者"。它采用了最新的技术，提高了特种部队空降时的安全，扩大了作战应用范畴（几乎适用于任何军事空降）。"入侵者"几乎没有失速点，有着出色的滑行性能，在夜晚或者崎岖的山区都能够有效地帮助特种部队到达指定区域。

基本参数	
制造商	Para-Flite 公司
主要用户	美国特种部队

英国 MRI GQ891 空降绳

基本参数	
制造商	IRVIN-GQ 公司
主要用户	北约特种部队

垂直空降通常用于城市反恐作战，由武装直升机搭载特种部队到达指定区域，然后特种兵逐个从直升机上利用空降绳下滑至安全地点。

英国 IRVIN-GQ 公司研发生产的 MRI GQ891 空降绳，就是用于城市反恐垂直空降，与其配套的还有绳降手套、绳降锁扣以及全身式安全带等辅助用具。该空降绳大部分是尼龙材料，加入了一些其他高强度的韧性材料，以提高安全系数。

美国 MK2 空降绳

基本参数	
制造商	Para-Flite 公司
主要用户	美国特种部队

　　MK2 空降绳目前被用作"快速部署"，当某一区域武装直升机无法下降时，就需要利用 MK2 空降绳帮助特种部队人员下滑到地面。MK2 空降绳有效工作载荷为 584 千克，采用高强度纱纺短纤材料，一端被固定在壳螺栓上。与上述 MRI GQ891 空降绳不同的是，特种部队不需要自我使用 MK2 向下滑（通常是 6 人 1 组），而是由武装直升机上的固定壳螺栓一点一点地"放长"空降绳。

美国 AD 下滑绳

基本参数	
制造商	Para-Flite 公司
主要用户	各国特种部队

　　在电影里通常看到这样一幕，特种部队从天而降，破窗而入，这并不是虚构的，AD 下滑绳就是用于此用途。

　　AD 下滑绳并不是就一条绳子，它是一个整体式机械装置。通常，特种部队在执行突进任务时，除了"正面交锋"的小队外，还有几支"突袭"小队，在进行"突袭"之前，特种部队会将 AD 下滑绳的整个装置安装在高处，然后利用它迅速地到达指定位置，对目标实施"突袭"。

Chapter 05

通信和监视

　　战场状况瞬息万变，所谓"知己知彼，百战不殆"，如何能够第一时间掌握敌我兵力情况，如何与前线士兵、后方总部取得联系，如何在夜间也能像白昼一样行动自如呢？这就涉及通信与观瞄设备，特种部队通过这些辅助工具，就能掌握战场上稍纵即逝的有效信息。

5.1 通信设备

美国沃克公司战术耳

　　"战术耳"是一种助听装置，可以舒适地戴在耳后，将声音放大近9倍，在监视、监听，以及SWAT干涉过程中，足以听到最轻微的噪声。利用该装置可以实现全向监听，主要监听高频声音，如执法官和嫌疑犯之间被弱化或者压低的谈话；装枪的声音、扳动枪械保险，以及行走在粗糙表面上的脚步声。

基本参数	
制造商	沃克公司
类型	助听装置
主要用户	美国特种部队

性能解析

　　尽管"战术耳"将监听声音放大了数倍，但无须担心它会损害使用者的听力。"战术耳"对听力提供最大的保护，特殊设计的耳塞将噪声减小了29~33dB。特殊的安全电路在开枪和炮击时会使"战术耳"自动关闭，对听力进行进一步的保护。

　　"战术耳"只戴在一只耳朵上，另一只耳朵接收指挥官通过无线电耳塞发出的信息。沃克公司的"战术耳"主要有I型、II型和III型3种型号，其中I型和II型是为执法应用而设计的，在秘密行动（放大）和动态（保护）情形下由警务人员使用。III型在满足I型和II型的所有规范外，还具有超高频广播功能，当与个人无线电配合使用时，该功能可以进行无线语音通信。

美国 LITE 头戴式耳机

　　LITE 头戴式耳机是专为特种部队和警察 SWAT 小组设计的。该耳机有 2 个麦克风：一个是用于多数通信的高增益麦克风；另一个是在有气体蔓延时用于优化通信的咽喉麦克风和面罩麦克风。

性能解析

　　LITE 头戴式耳机具有一流的外部听觉能力，耳机周围带有间隙，使用者可以毫无障碍

基本参数	
制造商	美国电视设备协会
类型	耳机
主要用户	美国特种部队

地听到周围的声音，这也是近距离战斗所要求的。戴在多数防弹头盔下面的士兵感觉舒适，带织物、弹性带子的泡沫软垫可保证佩戴安全，并保证在头盔衬里的佩戴舒适性。需要进入爆炸环境时，该头戴式耳机可适应任何被动或者主动式护耳器，以便保护使用者的听力免受冲击。此外，LITE 头戴式耳机提供一个胸部安装的按钮开关，需要使用无线电时，使用者所要做的就是使用手指、手背甚至是下臂等任何东西均可触碰开关的前部。

美国 Collarset II 隐藏通信器

基本参数	
制造商	美国电视设备协会
类型	无线耳机/隐藏麦克风
主要用户	美国特种部队

Collarset II 是一种带通话按钮开关的无线耳机/隐藏麦克风，能够使用户以完全秘密的方式发送和接收无线电信号。其他设备几乎不可能探测到该系统，甚至在 609.6 毫米的距离也不能被探测到。

性能解析

Collarset 系列装置能够与任何便携式无线电连接。备选的肩部系带可将无线电隐藏在使用者的腋下。麦克风放在使用者锁骨附近的衣服下面，通话按钮开关可以放在手中、口袋或者皮带上。无线感应耳机隐藏在使用者的耳朵里，它以磁性方式从位于肩部的电感器接收无线电信号。无线耳机拥有 1 个续航时间为 60~100 小时的电池，并且带一个静噪电路。发送消息时，使用者按下通话按钮开关并以自然的方式讲话即可，不需要直接对着衣服下面的麦克风。

美国 LVIS digital 通信器

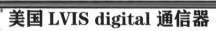

基本参数	
制造商	镜泰公司
主要用户	美国特种部队

在水面上航行或者作战时，人员之间的沟通是十分重要的。美国镜泰公司根据客户需求设计了一款水上通信器——LVIS digital 通信器。这是一种模块化的"数字"通信器，能够与舰艇上的数据接口相连，在人员与人员之间、舰艇与舰艇之间进行作战信息的传达。LVIS digital 通信器不仅重量轻，而且有着较好的防水性能，适用于各种天气环境。

美国 LVIS v5 通信器

基本参数	
制造商	镜泰公司
主要用户	美国特种部队

　　LVIS v5 通信器是一种用于车辆上的无线对讲机，其结构紧凑，携带方便，并且还能接收各大军事、商业电台信息，使特种部队能够第一时间掌握外界事态的变化。它的配件包括麦克风、耳机、降噪器等，通常只需要 1 人便可以将这些"散件"组装好。军用通信器一般都有保护装置，LVI Sv5 通信器也不例外。虽然每个"散件"都有较好的抗震动性，但不能排除意外情况，要知道战场上的信息瞬息万变，所以在不需要手动操作时，一般都要用防弹罩盖住。

美国 Gencom Headset 通信器

基本参数	
制造商	镜泰公司
主要用户	美国特种部队

　　通常，特种部队执行任务的环境非常嘈杂，甚至有可能队友在说什么都无法听清楚，势必会产生一些错误的信息。鉴于此，美国镜泰公司为特种部队设计生产了一种便携式通信器——Gencom Headset 通信器，它能够在降低周围噪声的同时提高内部传来的有效信息。耳机是单边设计，这样一来既可以听到自身周围的声音信息，也可以清楚地接收远方队友或者总部传达的有效信息，并且还可以很方便地佩戴头盔之类的防护用具。

英国 "精英" 2000 XC

　　"精英" 2000 XC 是一种轻型的移动电话加密器，可安装在摩托罗拉 Micro TAC 移动电话上，通话时提供强大的加密安全性。该装置使用时不需要对电话进行修改，放在电话和电池之间即可，整体增加的厚度小于 25 毫米，增加的质量小于 113.4 克。

性能解析

基本参数	
制造商	白岩通信有限公司
类型	加密器
主要用户	英国特种部队

　　"精英" 2000 XC 与 "精英" 2000 系列中的其他成员、"精英"2000 安全电话和"精英"2000 XL 电话都与传真加密器兼容。该电话加密器具有可选的安全等级，以及使用 CES 安全技术的语音重建功能。语音加密采用 1 个全局键，用于跨国界的兼容性。"精英" 2000 XC 还可使用个人识别码提高安全性。

5.2 空中监视

德国 KZO 无人机

KZO 是一种火炮目标定位无人机，它的主要使命是侦察、识别并捕捉敌方远程火力目标，包括远程火炮、火箭炮和战术导弹阵地。

性能解析

KZO 的外形比较有特色，整个机身采用下单翼气动布局，螺旋桨发动机置于机尾，整个机身也未采用复杂的设计。除头部为圆柱形外，其机体大部截面近乎正方形，2 片下置矩形机翼位于机身后侧。KZO 的机头内部装有毫米波或红外成像导引头，整个机头传感器组装在万向节架上，可根据需要转到特定方向上。

机翼为两段式结构，翼根与机身为一体式，机翼外侧一段可折叠，以方便储运。垂直尾翼位于机身后侧，几乎和机翼处于同一平面上，尾翼上有方向舵，其顶部则布置有 1 条数据天线，天线罩呈碟形。整个机体没有水平尾翼，从外形上看很像是飞机和导弹的混合体。该机的机体构件采用特殊的复合材料制成，具有良好的隐形能力，并能在复杂的电磁环境中正常使用。

基本参数	
制造商	莱茵金属防务电子公司
类型	火炮目标定位无人机
长度	2.28 米
翼展	3.42 米
高度	0.96 米
工作半径	150 千米
最大发射重量	161 千克
最大有效载荷	35 千克
巡航速度	150 千米 / 时
最大速度	250 千米 / 时
最大升限	4 000 米
持续时间	3 小时 30 分钟以上

德国"月神2000"无人机

　　"月神2000"无人机的外形犹如一个普通的航空飞行模型，为可全天候使用的轻型侦察无人机。该无人机可执行实时监视、侦察、目标定位等任务，最早于2000年开始装备德国陆军，曾在马其顿、科索沃和阿富汗使用。"月神2000"无人机的发射方式非常简单，可利用橡皮筋弹射器弹射起飞，回收方式为伞降回收。

▌▌▌▌▶ 性能解析

　　"月神2000"无人机装备有大功率摄像机，能向地面工作人员传输实时图像。能完成常规战争中绝大部分任务，并能和其他地面部队、直升机和战斗机协同作战。在低空巡航和执行侦察识别并捕捉敌方远程火力目标任务时，可将几十千米外的目标定位并传给火炮指挥所，使火炮精确命中。

基本参数	
制造商	EMT 公司
类型	无人侦察机
长度	2.36 米
翼展	4.17 米
最大发射重量	小于 40 千克
最大飞行速度	70 千米/时
最大升限	3 500 米
续航时间	6 小时

德国"阿拉丁"无人机

"阿拉丁"无人机是德国 EMT 公司研制的一款小型无人机。德国陆军和荷兰军队均装备有该无人机。

性能解析

如果要使用"阿拉丁"无人机系统，操作人员可在数分钟内完成无人机的组装，然后采用手抛或弹射索发射升空。操作人员通过地面控制站进行操控，系统自动化程度较高，操作人员无须特别培训。此外，该无人机还采用了自主化的防撞系统，具有很高的飞行安全性。

基本参数	
制造商	德国 EMT 公司
类型	无人侦察机
长度	1.53 米
翼展	1.46 米
高度	0.36 米
飞行速度	45~90 千米/时
最大升限	1 000 米以上
续航时间	30~60 分钟

"阿拉丁"无人机系统的地面控制站重量仅为 17 千克，设有背带，可由操作人员背负携带。地面控制站有耐震的控制器和数据链天线，有效控制飞行范围超过 5 千米，通常情况下一人操作无人机，另一人操作地面控制站。在无人机的飞行过程中，操作人员也可以根据任务需求对飞行路线进行调整。并能以指令控制无人机在指定区域上空盘旋飞行，利用搭载的摄像机对目标进行观察，拍摄到的视频会自动存储在录像带上，以供评估。

"阿拉丁"无人机的任务载荷分白天和黑夜 2 种，在白天执行任务时通常选用 4 台分辨率为 752×582 像素的彩色电视摄像机，其中 1 台用于飞行导航，2 台为下视摄像机（广角和长焦镜头），剩下 1 台为无人机左侧下视摄像机。在夜间侦察时，通常选用 1 台分辨率为 320×280 像素的斜前视红外热成像电视摄像机和 1 台分辨率为 752×582 像素的斜前视彩色电视摄像机。

美国 RQ-7A "影子 200" 无人机

　　RQ-7A "影子 200" 是 "影子" 系列中最新的无人机系统，被誉为 "陆军的眼睛"，其设计目标就是为地面指挥员提供侦察手段，功能有战场监控、目标定位、战斗损失评估等。"影子 200" 是一种小型、轻量级战术无人驾驶飞行器系统。全套系统包括飞机、任务载荷模块、地面控制站、发射与回收设备和通信设备。满负荷系统可连续执行任务 72 小时。在作战时，全套系统需要 4 辆多功能轮式装甲车运输，其中 2 辆装载零部件，另 2 辆作为装甲运兵车搭载操作人员。

▌▌▌▶ 性能解析

　　"影子 200" 可以探测到距离陆军旅战术作战中心 125 千米以外的目标，可在 2438 米的高空全天候侦察到 3.5 千米倾斜距离内的地面车辆。"影子" 地面控制站可以将实时的速度将图像与遥感勘测数据转送到 E-8 "联合星" 飞机、全源分析系统、陆军战地火炮目标跟踪

基本参数	
制造商	诺斯罗普·格鲁曼公司
类型	无人侦察机
长度	3.4 米
翼展	3.89 米
工作半径	80 千米
最大发射重量	149 千克
最大有效载荷	25.3 千克
最大燃油储备	28.6 千克
最大平飞速度	228 千米/时
最大盘旋速度	99 千米/时
续航时间	5～6 小时

与指示系统。"影子 200" 还可以为精确武器提供近实时目标定位数据。

美国 RQ-5A "猎人" 无人机

RQ-5A "猎人" 是美军使用的新型无人侦察机，可在距离前线部队和海军基准点 150 千米处为美军的军、师级单位和海军陆战队远征旅提供侦察、监视和目标截获保障。"猎人" 系统由以下部分组成：1 个飞行任务规划站和 2 个地面控制站负责接收、记录及传送无人机发回的视频信息的远程录像终端站；8 架无人机、模块式任务有效载荷、地面数据终端和发射、回收设备。

部署在地面的飞行任务规划站和地面控制站，将与军种指挥控制通信情报系统相链接，执行收集、处理、分析、分发数字化战场信息等任务。飞行、任务指令由飞行任务规划站和地面控制站送至无人机。侦察、监视和目标截获成像及无人机位置数据通过下行线路径机载中继器传送，或直接传送到位于战术作战中心的飞行任务规划站和地面控制站以及远程录像终端。

基本参数	
制造商	诺斯罗普·格鲁曼公司
类型	无人侦察机
长度	7.01 米
翼展	8.84 米
高度	1.65 米
工作半径	200 千米
最大发射重量	726 千克
最大燃油储备	178 千克
巡航速度	148 千米/时
最大速度	204 千米/时
最大升限	4 575 米
续航时间	12 小时

▶ 性能解析

"猎人" 无人机的传感器组件包括电视摄像机、红外传感器和激光指示器。该指示器能使操纵人员为该无人机装载的各种空地弹药定位和指示目标。地面上的士兵可以用激光指示器、测距仪为该无人机指示目标。该无人机能昼夜飞行，不受天气条件限制，主要用于需要实时的信息反馈，不能使用有人驾驶飞机、特别危险、使用有人驾驶飞机不太有效等环境中。

美国"龙眼"无人机

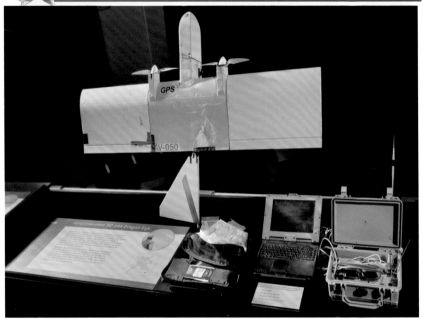

　　"龙眼"无人机是一种小型侦察无人机系统，这种小型无人机将为营连级指挥官提供实时侦察信息。指挥官可以通过"龙眼"对敌军进行探测和识别，以决定是与其交战还是回避，同时减少了派出人员进行侦察时可能遇到的风险。

性能解析

　　"龙眼"装备可以拆换的载荷、自动驾驶仪和推进系统，这些都来自商用现成产品。机上安装的摄像机由美国海军陆战队作战实验室开发，可分成5个部分便于携带。地面控制站使用1台加固的商用膝上电脑。每个"龙眼"系统包括3架无人机和1个地面控制站。美国海军和海军陆战队士兵用标准背包就可以携带"龙眼"无人机。2名士兵组成1个小组，即可携带无人机、4.5千克重的地面

基本参数	
制造商	美国海军研究实验室
类型	无人侦察机
长度	0.91 米
翼展	1.14 米
工作半径	5 千米
最大发射重量	2.49 千克
最大有效载荷	0.225 千克
最大速度	65 千米/时
最大升限	92~152 米
续航时间	45 分钟

控制站和备用电池，并且不影响徒步行军。该机可由 2 名士兵使用橡皮筋发射或投掷发射。起飞后，它将按照事先编好的 GPS 路径点飞行。一旦进入目标区域，"龙眼"就会使用自身携带的传感器收集信息，并将侦察图片传回到地面控制站。"龙眼"可以被应用在城市作战环境中，通过巡逻提供额外的安全保障，也可以在执行掩护任务时提供路径侦察。

　　对特种部队来说，"龙眼"的任务是先期战术侦察 (ATR)，执行这项任务是实时将视频图像传输到地面站，以提供给部队一种"预做准备"的能力。作为 ATR 任务的一部分，"龙眼"也可以改装成新型化学与生物传感器，以便提供"作战损伤评估"。采用这种无人平台携带传感器，并在后方由专门工作组对无人机所收集的样本提前进行实验室分析，是一种新发展的作战概念。

美国"扫描鹰"无人机

　　"扫描鹰"是美国波音公司和英西图公司联合开发的，主要装备各型军舰的小型无人机。该机可能通过低空侦察为指挥官提供实时战场图像，帮助指挥官了解战场态势。除了部署在军舰外，"扫描鹰"也在美军其他军种和其他国家军队中服役。

性能解析

　　"扫描鹰"无人机可从气动弹射器上弹射起飞，并按预定程序或操作员操控飞行。该无人机的体积较小，并拥有不错的静音效果，即便在低空中飞行也很难被敌方发现。回收则依靠"天钩"系统回收，该系统通过

基本参数	
制造商	波音公司/英西图公司
长度	1.2 米
翼展	3.1 米
重量	12 千克
最大发射重量	18 千克
最大有效载荷	3.2 千克
巡航速度	90 千米/时
最大飞行速度	120 千米/时
最大盘旋速度	99 千米/时
续航时间	15 小时

悬挂在 15 米高塔上的绳索抓住无人机，因此具有很强的使用灵活性。

在协同作战方面，"扫描鹰"无人机能够通过现有的指挥控制网络，将收集到的目标信息传递给其他无人机系统，如"捕食者"和"影子"，并共同对目标实施跟踪。该机的标准任务载荷为 1 个装有万向接头的惯性稳固电光照相机或红外照相机，操作人员可以轻松地跟踪机动目标。

此外，该无人机还内置了航空电子舱，该舱可允许"扫描鹰"将新型载荷和传感器进行无缝隙式综合，以保证"扫描鹰"能使用最新型的技术。该机还在设计上采用了流行的模块化设计，如发动机和载荷设计，可在战场上进行快速交互以达到最佳飞行状态。

装备特点

"扫描鹰"无人机可以将机翼折叠后放入贮藏箱，从而降低了运输的难度，提高战术部署能力。机上的数字摄像机可以 180°自由转动，具有全景、倾角和放大摄录功能，也可装载红外摄像机进行夜间侦察或集成其他传感器。

美国 RQ-11A "大乌鸦" 无人机

RQ-11A "大乌鸦" 无人机是美国加利福尼亚州的航宇环境公司研制生产，该机主要供美军排级部队使用。到 2003 年年底之前，美国陆军就已经装备了超过 180 套该无人机系统。

性能解析

"大乌鸦" 无人机系统在很大程度上延伸了美军基本单位的视界，使它们具有了超地平线的情报监视和侦察能力。在使用时，仅需 1 名士兵抛射即可起飞。改进型采用凯夫拉纤维增强复合材料制造，结构更加坚固。该机静音性良好，在 90 米高度以上飞行时，地面人员基本上听不到电动马达的声音，再加上较小的体积，所以很少遭受敌方地面火力的攻击。

基本参数	
制造商	美国航宇环境公司
类型	无人侦察机
长度	1.09 米
翼展	1.3 米
重量	1.9 千克
工作半径	10 千米
巡航速度	56 千米 / 时
续航时间	1 ~ 1.5 小时

装备特点

"大乌鸦" 无人机静音性能良好，最大的优势在于传送信息时并不暴露接收信息的士兵。把无人机分解后还可以放入背包内携带。该机可以使用 CCD 彩色电视或者红外摄像机。"大乌鸦" 可以从地面站进行遥控，也可以使用 GPS 航途基准点导航从而完全自动执行任务。无人机可以通过 1 个按键马上自动返回出发点。

英国"不死鸟"无人机

基本参数	
制造商	英国 BAE 系统航空电子设备公司
类型	无人侦察机
长度	3.8 米
翼展	5.5 米
工作半径	70 千米
最大发射重量	180 千克
最大有效载荷	50 千克
最大燃油储备	20 千克
最大速度	157 千米 / 时
最大升限	2 440 米
续航时间	4 小时 30 分钟

　　"不死鸟"是英国陆军首个进行实时监视和目标采集的全天候无人机，研制工作从 1985 年开始，1986 年 5 月首飞。但由于技术和使用问题，直至 1993 年 9 月才获得英国陆军批准采购。

性能解析

　　"不死鸟"的机身几乎全部使用复合材料（玻璃纤维、碳纤维、凯夫拉和诺梅克斯材料制作的蜂巢结构）制造，机身采用模块化结构，以便于战场上的维护、运输。

　　在任务舱中安装了不同的有效载荷。在以 70 节速度飞行时的最大使用高度为 2440 米，侦察半径为 60 千米，在 1000 米高度下覆盖范围为 800 平方千米。"不死鸟"采用卡车运输，并且使用安装在卡车上的气动 / 水压式飞机弹射器进行发射，发射前可以预先设定跟踪轨迹。另外，无人机上还装有降落伞和冲击缓冲背部减阻装置。当发现一个目标时，"不死鸟"无人机上的传感器可以锁定目标并保持瞄准线。把数据传送到地面数据中端，并且接着可以传送给地面站。这个地面站可以处在 1 千米外的地方。地面站的操作者可以选择一个战场的热像或地图显示目标和无人机的位置。

　　同时这种飞机还可以为灵巧炸弹和远程探雷装置指示目标。另外，由于其地面站采用改进的数据调制解调器，所以能够直接将所获得的图像信息传送给英国陆军的 AH-64 "阿帕奇"直升机以及英国皇家空军的空中支援机上。

以色列"哈比"无人机

　　"哈比"无人机是以色列航空工业公司(IAI)于20世纪90年代开发的一款主要用于反雷达的攻击无人机,能有效地对敌方雷达系统进行自主攻击。由于"哈比"无人机的设计用途为攻击敌方雷达,所以装备有敏锐的反雷达感应器,并载有1枚导弹。在受到敌方雷达探测时,"哈比"会自主对雷达进行攻击,从而摧毁该雷达系统。"哈比"无人机于1997年在法国巴黎航展上首次公开露面,除装备以色列空军外,韩国于2000年耗资5200万美元向以色列引进了100架"哈比"无人机。此外,土耳其和印度也装备有该型无人机。

基本参数	
制造商	航空工业公司
类型	攻击无人机
长度	2.7米
翼展	2.1米
高度	0.36米
最大飞行速度	185千米/时
最大升限	3 000米
航程	500千米

性能解析

　　一个"哈比"无人机系统的基本火力单元由54架无人机、1辆地面控制车、3辆发射车,以及辅助设备组成。每辆发射车有9个发射装置,每个发射装置可容纳2架无人机。也就是说每辆发射车即可装载18架无人机,使用起来非常简便灵活。"哈比"无人机有航程远、续航时间长、机动灵活、反雷达频段宽、智能程度高、生存能力强和可全天候使用等特点。它采用三角形机翼,活塞推动,火箭加力。机上配有计算机系统、红外制导弹头、全球定位系统等,并用软件对打击目标进行了排序。

　　它可以从卡车上发射,并沿着预先设定的轨道飞向目标所在地,然后发动攻击并返回基地。如果发现了陌生的雷达,"哈比"会撞向目标,与之同归于尽,其搭载的32千克高爆炸药可有效地摧毁雷达。

5.3　地面监视

美国 Leupold "沙漠风暴" 双筒望远镜

　　"沙漠风暴"双筒望远镜镜面采用完全多层镀膜，可以有效地增强观测物体的亮度和对比度。镜片能够有效地消除强光的衍射，并能在多种不利的自然环境条件下有效地提高观测目标的清晰效果。

　　机身颜色是荒原黄色，这种涂彩在荒原作战中不会轻易暴露观测手的位置。镜身非常坚固，完全防水防雾，可以适应各种不同的恶劣环境。

基本参数	
制造商	Leupold 公司
放大倍率	10 倍
物镜直径	50 毫米
长度	170 毫米
重量	729 克
视野	87 米
视角	5.5°
微光系数	22.4
出瞳直径	5 毫米
出瞳距离	18 毫米
瞳间距	60~70 毫米可调
近焦	3.2 米

美国 KillFlash 防反光装置

在狙击任务中，伪装好的狙击手有时会因为一些小细节没做好而暴露自己，观测器材镜片的反光就是其中之一。

性能解析

killFlash 其实也是采用传统的遮阳原理，但结构和材料却是新颖的。其结构是在一个短铝筒内装上一个用树脂材料加强的 Nomex 蜂巢形多孔圆板制成的，看起来就像是一个蜂巢形多孔滤光板。当光线透过这些小孔射到镜面上时很难形成强烈的大面积反光，就如同在镜片前装上无数个微小的遮阳罩一样。其优点不言而喻，缺点是这种蜂巢形滤光板会减少镜片前的光通过率（大约会减少 15%）。不过无论如何，killFlash 的隐蔽使得它一面世就获得特种部队的青睐。现在其他常规兵种的地面战斗部队也都已经采用了 killFlash 作为防反光材料，装在望远镜和瞄准镜上。

基本参数	
制造商	Tenebraex 公司
长度	57 毫米
重量	113 克
外部材料	热塑内芯，外覆橡胶
滤光镜材料	增强树脂复合材料（带马特黑涂层）

美国 AN/PVS-14 夜视镜

　　AN/ PVS-14 是一种可靠的高性能轻型单目夜视镜，具有较高的分辨率，可以提高士兵的机动性和目标识别能力。

性能解析

　　AN/ PVS-14 采用了 ITT 工业夜视公司的专利"顶峰"薄片式第三代像增强器，可依靠 1 节 AA 电池工作。与此前的像增强器相比，这种"顶峰"像增强器的可见光探测能力提高了 10 倍以上。AN/ PVS-14 比前代 AN/ PVS-7D 的分辨率高、重量轻，步兵作战小组使用起来更加灵活，同时观察距离也明显增加。具体来说，这种夜视镜可用来提高士兵态势感知能力，以及在恶劣观察条件下的能见度。海军利用夜视镜来确保舰船的安全，协助武器进行精确射击，以及增强小型舰船在夜间的机动性。

基本参数	
制造商	美国 ITT 工业夜视公司
长度	114.3 毫米
宽度	50.8 毫米
高度	57.0 毫米
重量	380 克 (含电池)
分辨率	64
电源	1 节 1.5V AA 电池
亮度增益	25~3 000(可调)
屈光度调节	2~6
对焦范围	25 厘米到无限远

装备特点

　　AN/ PVS-14 单眼夜视仪是美军继 AN/ PVS-7B/D 后的夜间视觉装备，不同于其他夜视镜的是其本身具备头戴与枪用的特性。士兵可将之设置于武器上或头戴方式使用。此种单眼式系统的发展初期主要是为了适应夜视镜头戴时遭遇突如其来的强光，至少无须先行移除夜视装备便能进行反击。

美国 ACOG 瞄准镜

ACOG 是 Advanced Combat Optical Gunsight 的简称，即先进战斗光学瞄准镜，是一种由美国 Trijicon 公司研制的瞄准镜系统。ACOG 是设计给 M16 系列步枪和 M4 卡宾枪使用，不过也能安装在一些其他武器上。但 Trijicon 公司制造的 ACOG 配件也可协助安装于其他武器。此型号可提供 1.5~6 倍的放大倍率。

装备特点

ACOG 瞄准镜为美国海军陆战队标准配备。近年在美国陆军中也越来越广泛使用。ACOG 的镜片是用特殊的石英玻璃制成，采光性能极佳。ACOG 的高低和风偏都有密封盖，盖紧时瞄准镜可潜入水下 150 多米。此外，ACOG 还通过了高温、低温、喷盐、雾气、霉菌、潮湿、沙埋、震动等测试。

基本参数	
制造商	Trijicon 公司
类型	瞄准用具
主要用户	美国特种部队

美国 AN/PEQ-2 激光瞄准器

基本参数	
制造商	透视科技公司
类型	瞄准用具
主要用户	美国特种部队

AN/PEQ-2(Target Pointer/ Illuminator/ Aiming Light，TPIAL，即目标定点 / 照明 / 瞄准灯) 激光瞄准器由透视科技公司研制，可安装在皮卡汀尼导轨上，为步枪激光 / 红外线瞄准器系统，是美国特种部队作战的改进型套件的一部分。AN/PEQ-2 分为激光和红外线 2 种发射器，其中较宽的发射口用于发射激光照射目标，较窄的发射口则用于步枪的瞄准。

红外线激光照射在目标上时，指挥显示一个红色的小点，小点的位置就是弹着点。当然这是在理想状态下，实战中可能会因弹道和距离等因素而产生较小的偏差。

俄罗斯 PSO-1 瞄准镜

PSO-1 瞄准镜于 1963 年由苏联制造，是一种光学技术快拆式瞄准镜，当时大规模生产并使用于苏军的制式突击步枪、精准步枪（如莫辛－纳甘步枪）等。目前，PSO-1 瞄准镜是由俄罗斯的新西伯利亚仪器制造工厂制造，主要供 SVD 系列狙击步枪使用，其设计特点是内部有非常好的分划，可令 1 名狙击手迅速确定距离，并且在归零过程中不需要转动手轮，其内部充满氮气，并且完全密封，以防止雾化等情况而导致光学装置的失效。

此外，PSO-1 瞄准镜上还有弹着补助的设计，即以线性预计估算子弹着陆点，增加"致命的一击"机会。PSO-1 瞄准镜还备有 1 个瞄准镜套、物镜罩、遮阳板、电源适配器、备用灯泡和电源。PSO-1 瞄准镜使用的温度范围为 ±50 ℃

基本参数	
制造商	新西伯利亚仪器制造工厂
放大倍率	4 倍
电源供应	1 颗三号电池 (AA)
长度	375 毫米
重量	0.58 千克
最大光学分辨精确度	12 角分
出瞳直径	6 毫米
出瞳距离	80 毫米

装备特点

PSO-1 是一种特别为军队的特等射手而生产的光学瞄准镜。目前最新版本的 PSO-1 是 PSO-1M2，这种瞄准镜不同于过去的 PSO-1 光学瞄准镜，因为过去的版本被认定为过时的原因是缺少了现代战争常用的红外线探测器。PSO-1M2 采用了被动式红外线探测器，可以辅助在黑暗中光源不足的问题以便进行狙击。

法国 MATIS MP 热成像仪

　　MATIS MP 是法国萨基姆公司 SAGEM MATIS 系列第三代热成像仪中的一员，主要用于白天和夜间短或长距离的观察和瞄准。它特别针对警察和海关人员等移动性较大的使用者进行了改进，这些人员经常执行城市安全、边境监视、搜索、救援等行动。

性能解析

　　MATIS MP 以双视场望远镜为基础，还包含带集成控制的具有人机工程学特征的双目镜显示，可以方便地作为整体从热成像仪上分离。MATIS MP 可显著增强各类武器的作战性能，如增加探测和识别距离、改善不同天气条

基本参数	
制造商	法国萨基姆公司
重量	6.5 千克
波段	3~5 微米
视频输出	CCIR
视场	8°（放大 12 倍）
功耗	8 瓦
工作时长	大于 7 小时（室温）

件下的操作性能等。该瞄准具集成度高，用户界面友好，由以下几个部分组成：采用 3~5 微米 VGA 红外探测器的双视场红外通道、双视场昼间通道、最新一代电子组件，可在恶劣环境下进行图像处理；磁罗盘和 GPS 接收机，用于提供目标的地理坐标并改善火力协同。MATIS MP 可直接用自身的电池供电，或使用外部电源供电。MATIS MP 基于最新一代工作于 3 ~ 5 微米波段的冷却设备，具有重量轻、外形紧凑的特点。

比利时 HNV-3D 全息夜视护目镜

HNV-3D 全息夜视护目镜为立体视觉眼镜，由于装有全息光学元件，图像看上去立体感较强。该眼镜可安装在头罩或头盔上，能向佩戴者显示水平方向 40°、垂直方向 30°的夜间图像和宽 120°、高 20°的透视图像。此外，HNV-3D 还能显示来自 C4I(指挥、控制、通信、计算机与情报)系统的数据和图像。眼镜内部装有红外强光照明灯。

基本参数	
制造商	比利时光学与精密仪器公司
重量	1.3 千克
倍率	1×
夜视视场	40×30°
出瞳距离	20 毫米
出瞳直径	10 毫米
对焦范围	25 毫米到无限大

Chapter 06

防　　具

　　特种部队的装备可以说是"武装到了牙齿"，因为身体上任何一个部位暴露在外面，都有可能受伤，尤其是像眼睛这样脆弱的部位。为保证特种部队人员的安全，防具的设计也是大有讲究，不仅要有较高的安全系数，而且需要非常好的佩戴舒适度。

6.1 头　　盔

美国 MICH 头盔

MICH 意为"模块化集成通信头盔"，专门针对各军种特种部队的特殊需要而设计。这种头盔能抵挡以 442 米/秒速度飞行的口径为 9 毫米的子弹，即便子弹是垂直发射的。MICH 头盔有 6～8 层泡沫衬垫防震系统，能根据士兵的具体要求进行增减或改变。将 MICH 头盔戴在头上几分钟后，头盔里的衬垫就会变得松软，最后将完全适合士兵的头形。

基本参数	
制造商	ArmorSource 公司
主要用户	美国特种部队

MICH 头盔仅从前后 2 个面添加衬垫，而过去的头盔则有 5 个面。这是因为 MICH 里的衬垫是可调整的，能更加精确的适合不同的头形。头盔的迷彩盖面是 2 面用的，可在林地或沙漠中使用。MICH 头盔的防轻度撞击能力比陆军和特种部队曾使用的任何头盔都好。这种头盔是特种部队司令部用来装备摩托和越野车的唯一冲击式头盔。较高的帽檐为使用人员提供更宽广的视野。使用这种头盔，当全副武装的使用者卧倒时仍然能对目标进行打击。

装备特点

MICH 使用多种凯夫拉纤维粘接，并有一个新的七衬垫的悬挂系统。衬垫能够变形以适应不同的头形，提供更好的佩戴舒适性。悬挂系统通过一系列尼龙搭扣附着在盔顶内部，使用 4 点颚带固定。MICH 自 2001 年开始配发美国特种司令部特种部队、海军陆战队侦察部队、82 空降师的部分部队。截至目前，共有大约 20 万顶头盔装备了美军部队。同时，MICH 头盔已经应用在美军的陆地勇士系统中，并将在未来取代 PASGT 成为美军的标准头盔。

美国先进战斗头盔

　　先进战斗头盔 (Advanced Combat Helmet，ACH)，是由美国陆军士兵系统中心为美陆军研发的新一代防护头盔，其设计源于 MICH 头盔。

　　在战场上，死于炮弹碎片之下的人数非常多。为了能更好地保护士兵的生命安全，2003 年，美国陆军士兵系统中心推出了一款新型头盔——ACH 头盔，以取代老旧的 PASGT 头盔。

基本参数	
制造商	ArmorSource 公司等
材料	凯夫拉及特威龙等弹道纤维
主要用户	美国特种部队

美国 DH-132 头盔

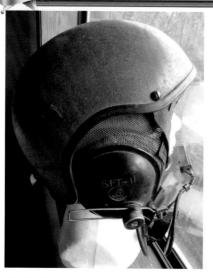

基本参数	
制造商	镜泰公司
主要用户	美国特种部队

　　特种部队在水上作战时，难免会有水花溅起，导致头盔、通信系统之类的装备因浸水而失效。DH-132 头盔就是针对这种情况设计的，其上自带的通信设备都有防水功能，通常即便是被水浸湿也不会受影响，当然戴着它潜水就要另当别论了。

美国 SPH-4B 直升机飞行头盔

SPH-4B 是 GENTEX 公司为美国陆军研制的一款直升机飞行头盔，它可以像现在军方和民用都普遍使用的 COMTAC 战术通信系统一样接受外界声音，过滤杂音，转化、衰减刺激耳膜的巨大爆破音。

此外，它还有几大特点：第一，它外壳使用轻巧坚固的复合材料；第二，热塑型内衬增加了头盔的舒适程度；第三，聚苯乙烯能量吸收缓冲内衬，能有效地减小外部冲击力对使用者头部的创伤；第四，枷锁式固定系统，能使头盔保持在一个稳定的状态。

基本参数	
选配	ANR 自动降噪，耳机高低阻抗，飞机通信接口，头盔音量控制调节，头盔 / 遮掩板颜色选择，NVG anvis 平台
配件	静电动态悬挂式麦克风，便携包，反光带
特点	出色的光学性能，稳定性强，不阻碍视野

美国 HGU-56P 直升机飞行头盔

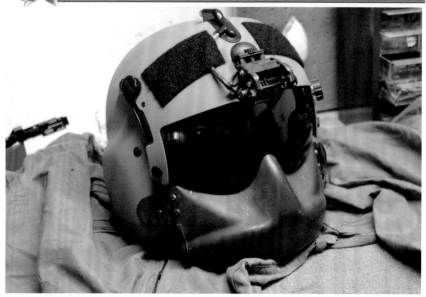

随着头盔上挂载通信设备，增加防紫外线、噪声、爆破碎片的功能成为趋势之后，美国军方也跟随潮流，要求在 SPH-4B 头盔基础上有所突破。HGU-56P 头盔就是在此背景下应运而生的，相比 SPH-4B 头盔来说，HGU-56P 头盔挂带系统更人性化，头盔材质更可靠，透气性更好。

HGU-56P 头盔的面罩能保护面部，不仅可以避免受伤和防止尘土，还可以提高通话语音的清晰度。

基本参数	
制造商	镜泰公司
选配	耳机高低阻抗，飞机通信接口，头盔音量控制调节
配件	双色镜片，隔音耳罩，连原装麦克
特点	防紫外线、噪声、爆破碎片

英国 NP 宇航公司伞兵头盔

基本参数	
制造商	英国 NP 宇航公司
主要用户	英国伞兵部队

该头盔特点是：防弹、能量吸收衬里、边缘树脂密封和凸出式遮盖，此外，还设计有用于耳朵及通信设备的防护罩。

美国高跳低开轻型伞兵头盔

基本参数	
制造商	镜泰公司
主要用户	美国特种部队

镜泰公司高跳低开轻型伞兵头盔是为头部、眼部和面部提供保护，并且装有其他便于通信的设备。此外，还安装了氧气面罩保持装置，以便在军事行动中可以选择佩戴各式面罩。

美国 IBH 头盔

IBH 意为"一体化防弹头盔"，其生产厂家 ILC 多佛公司与美国特种作战司令部在 1995 年签署订购合同，之后一共生产了 740 顶左右。

IBH 头盔最初设计目的是装备美国特种作战司令部下辖的各大特种部队（尤其是"海豹"突击队），但后来也装备过联邦调查局等执法机构。该头盔优点众多，如重量较轻、防护力强等。它可以提供特种部队在战斗操作中所需要的轻量级弹道防护，如轻武器和

基本参数	
制造商	ILC 多佛公司
表面	颗粒亚光表面处理，更便于隐蔽伪装，性能更安全
选配	夜视仪，防毒面具，面罩系统

炸弹碎片。盔内的衬垫可以根据自身需要调节薄厚程度。IBH 头盔能够提供全方位的通信需要，以及夜视仪、防毒面具、高跳低开时所需的面罩系统和其他防护设施。

装备特点

从外形上看，IBH 在一定程度上借鉴了 PRO-TEC 的经典款极限运动头盔。这两款头盔最显著的特点就是盔体都呈圆形，都没有采用护耳设计，因此士兵可以在佩戴 IBH 头盔时使用降噪耳机。头盔采用了 4 点悬挂系统，内衬部分为若干模块化防撞衬垫，士兵可以根据自身的需要随意进行调节，悬挂系统在后脑部位也配有衬垫，佩戴时会感到更加舒适、稳定。但是，IBH 虽然能搭载很多装备，但是不能安装战术导轨。IBH 的防弹性能也很一般，绝不能与美军公发的防弹头盔相提并论，仅能够抵挡破片或者弹片的冲击，为士兵提供轻量级的防护措施。

美国奔尼帽

　　由于"海豹"突击队是三栖特种部队，经常需要在水域、丛林等地区活动，在某些情况下戴着防弹头盔会大大影响机动性和舒适性，所以不如戴着轻便的奔尼帽。

　　奔尼帽是英语"圆边帽"的音译，外形与礼貌相似，不过是软的。近年来奔尼帽发展迅速，

基本参数	
制造商	美国 Propper 公司
主要用户	美国海豹部队

在实战中大有取代传统战斗（作训）帽和贝雷帽的趋势。相比战斗帽和贝雷帽，奔尼帽有佩戴方便的优势，而且宽大的圆边在雨林中有阻挡虫子落入衣领和挡雨的作用，在沙漠中又可以用于遮阳，在不用时还可以将圆边卷起轻松携带。

装备特点

　　奔尼帽是美军的标准装备，也是美军士兵最为喜欢的装备之一。这款帽子的特点是具有 360°圆形帽边，可以有效遮挡阳。帽檐两侧有 4 个带有金属丝网的大型透气孔，气孔下还有 1 圈环绕帽墙的 1 英寸宽尼龙织带，可以用来插些伪装物（沙漠迷彩版本和空军数码虎斑版本没有织带）。它除了采用和 MCCUU 一样材质的数码迷彩 50/50 尼龙棉斜纹织物作为面料外，在帽子内里顶部和额头部分还有快干吸汗材质的内衬。

美国 SOHAH 头盔

基本参数	
制造商	镜泰公司
主要用户	美国特种部队

　　SOHAH 头盔是一种特种作战战术性头盔，由镜泰公司研发生产，主要适用于搜索、救援等特殊任务，它能够有效降低外界噪声，使佩戴者能有一个安静的环境去分析战场局势。

　　与其配套的是护目镜、耳机和其他通信及防护用具，该头盔前设计的护目镜可以大幅度减少激光或者有害射线对眼部的伤害。

美国 FAS Ensemble 头盔

基本参数	
制造商	镜泰公司
主要用户	美国特种部队

　　FAS Ensemble 头盔是一个"合成体"，由一个飞行头盔、面罩以及裙摆组合而成，这种设计主要是为了防止生化物质对眼睛、皮肤以及呼吸道造成伤害。

　　该头盔看起来非常笨重，不过内部设计别有洞天，除了有对头部提供冲击、压力等保护的隔层外，还能够根据使用者的体温自动调节内部温度，能让使用者不会感觉到"头部过热"。

美国 LWH 头盔

LWH 头盔是专门为美国海军陆战队研发的，相比之前的 PASGT 头盔来说，它重量更轻、佩戴舒适度更好，而且能够有效地抵挡弹片，提高士兵的存活率。在必要的时候，还可以挑选诸如战术耳机、面罩等额外用具，当然不用担心安装这些辅助用具会耽误时间，因此在该头盔上有对应的战术性轨道或者锁扣，士兵只需要很短的时间就能够"组合"好适合自己的头盔。

基本参数	
制造商	镜泰公司
主要用户	美国海军陆战队

装备特点

LWH 头盔是美国海军陆战队的现役战斗头盔，于 2004 年晚期开始投入使用，至 2009 年时已完全取代之前使用的 PASGT 头盔。尽管 LWH 头盔比美国陆军现役的 ACH 头盔重，但其尺寸较大而得以提供更好的保护，重量也比 PASGT 钢盔轻，因此使用上也比较舒适。

6.2 护目镜

美国 EPS-21 护目镜

基本参数	
制造商	镜泰公司
主要用户	以色列国防部队

　　EPS-21 护目镜可防止阳光、风、尘、弹片和激光辐射的伤害。它由护目镜框架系带、透明的防弹透镜、大量的易于安装的外装透镜、可选的校正镜片和一个尼龙携带盒等组成。尼龙携带盒用于将护目镜和附件透镜装在个人承载装备中，它们与各种军用和警用头盔以及瞄准器兼容。

英国 WileyX Nerve 护目镜

基本参数	
制造商	英国 BCB 国际公司
主要用户	英国特种部队

　　WileyX Nerve 护目镜百分百防紫外线，眼部的设计易于空气流动，配有烟雾色镜片备件。它的框架使用耐热材料，并采用 90°环绕结构，可扩大视野。该护目镜由英国 BCB 国际公司研发制造，主要用户为在北极、沙漠和海洋作战的英国特种部队。

美国"弹道眼盾"护目镜

基本参数	
制造商	镜泰公司
主要用户	美国特种部队

"弹道眼盾"不仅能保护眼睛,而且能保护整个脸颊,能抵挡Ⅱ级碎片速度的冲击。目前,在美国如防暴警察、城市部队等特种部队都在采用这款护目镜。

美国 Laser Visor 护目镜

基本参数	
制造商	镜泰公司
主要用户	美国特种部队

Laser Visor 护目镜通常与头盔"合二为一"使用,它能够吸收强光能量,有效地保护眼睛不被强光所伤害,据测试,它能够吸收 90% 的强光能量和有害紫外线,镜片表面涂有耐磨涂层。该护目镜最大特点是:它有点类似"KillFlash 防反光装置",看似一大块镜片,其实是用多个细小镜片组装而成的。

6.3 战 斗 服

AOR 作战服是 Crye Precision 公司为美国海军特种部队设计并生产的试验型全地形迷彩作战服，其面料中加入了一种特殊材料，使其在自然光线下具有变色效果，伪装效果超过现有的其他迷彩服。

Crye Precision 公司堪称军用装备领域的传奇，短短数年间便由一家与军需品生产毫无关系的公司一跃成为该领域的领头羊。该公司

基本参数	
制造商	Crye Precision 公司
主要用户	美国海军特种部队

旗下最著名的 MultiCam 迷彩就是其最有力的说明，任何公司的产品如果要使用这款迷彩都要取得授权才行。AOR 迷彩作为 Crye Precision 公司的新一代产品，依然延续了 MultiCam 迷彩的优良品质。

AOR 作战服主要分为 AOR-1 和 AOR-2 2 种型号，前者为土黄色迷彩色块，主要在沙漠地形中使用。后者为土黄色、绿色迷彩色块，主要在丛林地形中使用。目前，这 2 种型号的主要使用者都是美国海豹六队。

美国 LBT 1195 战术背心

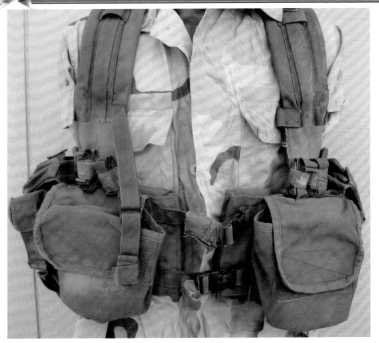

一件标准的 LBT 1195 战术背心有 4 个步枪弹匣包（共装 12 个步枪弹匣）、2 个机枪弹箱包（共计 24 个步枪弹匣），另外还有水壶包、对讲机包、杂物包和医疗包等组成部分。目前，LBT 1195 战术背心在"海豹"突击队中已逐渐被 MLCS H-Harness 作战携行系统所取代。

基本参数	
制造商	伦敦桥商贸公司
主要用户	美国特种部队

LBT 1195 战术背心由伦敦桥商贸公司设计和生产，这家坐落于美国弗吉尼亚州的公司是军用包具领域的佼佼者，旗下的包具被美军各军种特种部队广泛采用，仅"海豹"突击队就使用过 LBT 1195、LBT 1961、LBT 0292、LBT 2595 和 LBT 6094 等多种型号；其中，LBT 1195 依靠其强大的浮力支撑、超强的携载能力、合理的重力分布、稳定的重心结构，在 20 世纪 80 年代到 21 世纪初很长一段时间内，深受"海豹"突击队员的欢迎。

加拿大"野马"游泳救护员水母衣

基本参数	
制造商	野马公司
主要用户	美国海军和海岸警卫队

　　"野马"游泳救护员水母衣是为游泳者开发的一款三层尼龙和丁基合成橡胶套装，它缝合处采用双密封接缝，材质重量轻且具有柔韧性，右前臂上带有排气阀。

法国马钶 (Marck) 特种部队战斗服

基本参数	
制造商	马钶公司
主要用户	法国空降部队

　　马钶特种部队战斗服带有胸袋和腿袋，袖口和裤脚可随意调整松紧度，此外，这套服装从颈部到踝部有 2 个垂直的拉链，方便穿戴或脱下。

英国艾科提斯公司作战背心

基本参数	
制造商	艾科提斯公司
主要用户	英国特种部队

艾科提斯作战背心上可携带 12 个弹匣，还设计有 2 个多用途袋，此外，还有用于呼吸器附件的 D 形环，用于携带指南针、FFD 和刀具的小袋。

英国 DPM 防风罩衣

基本参数	
制造商	斯尔弗曼公司
主要用户	英国伞兵部队

DPM 是 Disruptive Pattern Material 的缩写，意为迷彩服饰。DPM 防风罩衣是使用一种斜纹防水、防风的材料制作，且具备快速干燥的能力。该防风罩衣由斯尔弗曼公司生产，主要用户为英国伞兵部队。

比利时 P305 防弹背心

　　P305 防弹背心主要用于防护霰弹枪、卡宾枪和自动步枪等枪弹对人体的伤害，能抵挡枪弹射击引起的穿透性和剪切性，P305 防弹背心穿着舒适灵活，便于拆卸清洗。

基本参数	
制造商	勃朗宁公司
主要用户	各国特种部队

美国 TP-1E/TP-2E 防弹衣

TP-1E/ TP-2E 防弹衣是海湾战争中"海军陆战特种作战"的"老兵"了，它被特种部队在潜水、跳伞、绳降和攀岩等多种情况下所验证，其性能毋庸置疑。

TP-1E/ TP-2E 防弹衣防护范围非常大，下至尾骨，它由 4 张尼龙张力带一起为后背下部提供防弹保护；上到颈部，可防止脊骨在俯卧位置受到损伤冲击。另外，该防弹衣背部的防护板插入袋为折叠式，这样可以在伸臂、爬行或者是肩扛武器射击时让肩胛能够充分运动。

基本参数	
制造商	美国装甲公司
主要用户	美国特种部队

英国 SBA 标准身体防护装甲

　　SBA 标准身体防护装甲可以使用多种外部覆盖材料和伪装用品，并且可以选择添加陶瓷、复合材料等防护板，使其可以在多种战斗环境中使用。主要用户为维和组织和英国特种部队。目前，SBA 标准身体防护装甲在全世界约有 100 000 套在使用中。

基本参数	
制造商	曼彻斯特公司
主要用户	维和组织和英国特种部队

6.4　手套 / 战靴 / 背包

美国 Oakley Pilot 战术手套

　　Oakley Pilot(领航者) 是由美国奥克利公司设计和生产的战术手套，该公司本来是一家生产运动装备和太阳镜等的公司，以高品质的产品著称业界。其多种产品因为达到甚至超过军规标准而被美军广泛使用，"领航者"战术手套就是其中最为流行的产品之一，深受"海豹"突击队员的喜爱。

基本参数	
制造商	奥克利公司
主要用户	美国海豹部队

　　"领航者"战术手套原本是一款单车手套，但因为其出色的实用性而被军队大量采用。这副手套掌心部分为经过透气处理的山羊皮，背面则是绵羊皮。经过透气处理的山羊皮防滑性能很好，指尖的橡胶颗粒也是为了防滑设计的，握持枪械时手感极佳。手背部分的关节适形护板为碳纤维材料，不仅能保护指关节，而且能在格斗中增加拳头的攻击力。指根部分还设有通气孔。

美国 WEAR 战术手套

WEAR 战术手套是美国"超级技师"公司专门为"海豹"突击队员设计的，主要原料为经过特殊处理的毛皮和特种尼龙，这些材料防水、耐磨防刮，保暖性佳。手套符合人体工程学的设计，穿着舒适，不会影响射击时的手感。

基本参数	
制造商	"超级技师"公司
主要用户	美国海豹部队

英国 BCB 极地手套

基本参数	
制造商	BCB 国际公司
主要用户	英国特种部队

BCB 手套防水透气，使用高尔泰克斯材料制作，掌面使用双层皮革，使其保暖效果极佳。

在没有高尔泰克斯材料之前，纺织界对兼顾防水及透气性的要求并无理想的解决方法，现有材料只能满足一个特性不能兼顾。高尔泰克斯材料的出现改变了这一切，虽然它本身并不保温，但由于空气分子难以穿透它，故表现出了极佳的保暖性能。

英国 BCB 战术手套

基本参数	
制造商	BCB 国际公司
主要用户	英国特种部队

　　贴紧型设计的 BCB 战术手套外部使用柔软皮革材质，方便于抓握武器，衬里采用防水 MVP 碳纤维。

　　MVP 碳纤维因其轻质高强的性能，在基建、汽车、新能源和航空航天等诸多领域拥有广泛的应用潜力。但居高不下的生产成本成为其发展的掣肘，寻找到降低成本的方法将为碳纤维大规模使用打通道路。

瑞典 M1009 沙漠手套

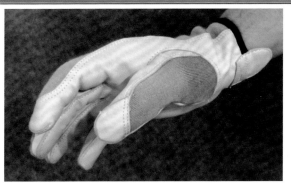

　　M1009 沙漠手套由瑞典 Granqvists 公司生产，主要为在沙漠战斗的武装部队使用。手掌部为小羊皮，可以有效防滑和防沙。而且该手套兼顾保暖性和透气性，极适合沙漠的气候条件，可以让士兵更加舒适地佩戴。

基本参数	
制造商	Granqvists 公司
主要用户	瑞典特种部队

美国 Merrell Sawtooth 户外鞋

Merrell Sawtooth(锯齿)是由美国麦乐公司设计和生产的一款户外鞋。麦乐是一个登山运动鞋品牌，产品汇集着各种独家专利技术，采用高耐用型材质和尖端科技材料打造，有多元化的户外功能系列及科技休闲系列，有着绝对的舒适性与功能性。正因为如此，"海豹"队员们才会自掏腰包购买麦乐的产品。

基本参数	
制造商	麦乐公司
主要用户	美国海豹部队

"锯齿"户外鞋特点鲜明，20 厘米高的靴帮带来良好的脚踝保护性，同时又不失灵活。鞋底有着良好的抓地力和耐磨性。气垫结构有着极佳的缓震功能，透气性和保暖性都相当不错。轻量化结构(仅重 1.3 千克左右)能让"海豹"队员在长途跋涉中很好地节省体力。

美国 HRT 战斗靴

　　HRT 战斗靴是美国 5.11 公司根据美国特种部队和警察单位的建议研发的新式战斗靴，采用诸多专利技术，整只靴子几乎全由经过特殊处理的皮革制造，只是在足踝部位为了透气和抗弯折，采用了 2 条窄窄的 1200 第纳尔耐磨弹道尼龙。靴子内部采用了专利的"新保适"薄膜的防水透气内里设计，加上同样是专利设计的 Dri –Lex "速爽"系统，可以 100% 做到靴内快速吸湿，持久舒适并在足部周围保持干燥爽洁，并有效抑制细菌滋生。

　　HRT 战斗靴的足跟部装有撞击缓冲系统，加上四层特殊弹性鞋垫，能吸收使用者从高处跳下

基本参数	
制造商	5.11 公司
主要用户	美国特种部队

时的大部分震动能量，有效减缓冲击力。靴底的双模压胶工艺在保证鞋底具有防滑、防油的高度稳定性的同时，也提供了良好的支撑力和穿着的舒适性。靴头的防水耐磨橡胶一直延续到足弓部位，有效保护了最易磨损的靴头，因为没有侧拉链快速穿脱系统，HRT 战斗靴使用了抗断伞绳作为鞋带，并且随包装附送 1 个黑色的无纺布鞋袋，方便勤务。

美国 SPEAR 系列背包

SPEAR 是由美国特种作战司令部于 1997 年提出的一个特种部队单兵装备的标准，后来发展出了 BAS 装甲、ELCS 装载系统及负重系统等。在此标准下，格里高利公司也专门为美国特种部队开发了 SPEAR 模块组合化包裹系统。

目前，SPEAR 已经形成一个丰富的特种部队背包家族，拥有多种型号。这些背包和配件大多使用相同的施工、设计和材料，能适应军事侦察、快速渗透等多种作战任务。通常情况下，

基本参数	
制造商	格里高利公司
主要用户	美国特种部队

SPEAR 系列背包的主仓设置了笔记本电脑固定套，副仓内有拉链式口袋，而背包正面的口袋内安装有序的收纳装置，很好地提高了收纳效率。

英国 PLCE 单兵携行装备

PLCE 是"单兵携行装备"(Personal Load Carrying Equipment) 的缩写，这种携行装备是英军目前最主要的单兵携行具。无论是伞兵还是步兵，无论是在本土的训练场还是在中东的战场，都能找到这种装备的踪影。除了英国军队，丹麦和爱尔兰等国的军队也有使用，但进行了相关的改造。

PLCE 系统的构成主要包括 2 个弹药包、2 个多功能携行包、1 条腰带、1 条背带、1 件"凯夫拉"背心，以及砍刀套、防毒面具包、手枪套、工兵铲套、水壶套、通信设备等可选配件。其优点主要体现在组合方便、负重点均匀等。PLCE 系统的目的是保持 1 名士兵连续作战 48 小时所需的各种装备，通常士兵还可以多带些其他物品，像雨衣和备用的袜子。

基本参数	
制造商	斯尔弗曼公司
主要用户	英国特种部队

装备特点

行军状态是在作战状态的基础上加上一个大背包，可以装上相当数量的补给品，足可以执行两周的任务，而中间不需要进行再补给。PLCE 系统的基础是主腰带，每个副包后面都有按扣，在按扣的下面还有类似插销头的塑料的东西，可以插入主腰带背面的一排排的小兜里面，起到更好地固定小包的作用，然后在按上按扣，这样副包就固定在腰带上面了。2 个前面包 (可以是弹药包或者杂物包)，使用包后面的按扣和插销固定到腰带上面。这样可以使包更加安全和牢固。

参 考 文 献

[1] 索斯比·泰勒扬. 简氏特种作战装备鉴赏指南 [M]. 北京：人民邮电出版社，2009.
[2] 瑞安. 世界特种部队训练技能和装备 [M]. 北京：中国市场出版社，2011.
[3] 宋立志. 特种部队武器装备揭秘 [M]. 北京：中央编译出版社，2007.